DIRECT FRENCH CONVERSATION

BOOK I

by

Henriette Bétourné
Daniel de Guzmán
and
Dr. Charles Starr

REGENTS PUBLISHING COMPANY, INC.

PC 2121 .B47 1966
B'etourn'e, Henriette.
Direct French conversation

ISBN 88345-040-2

Copyright © 1966 by
Regents Publishing Company, Inc.

All rights reserved. No part of this book may be reproduced in any form without permission in writing from the publisher.

Published by
Regents Publishing Company, Inc.
Two Park Avenue
New York, N.Y. 10016

Printed in the United States of America

PREFACE

The purpose of this book is to teach students to speak French. Its format is simple and consistent, with each lesson including the following: (1) a *reading selection* based upon a controlled vocabulary, followed by questions designed to strengthen retention of newly introduced vocabulary while checking comprehension of the reading; (2) an *oral drill* on a single, new principle of grammar or structure, augmented by a series of ten questions; (3) a *General Questions and Review* section comprising twenty to thirty questions, the first ten of which are related in vocabulary or grammar to the reading and oral drill questions of the current lesson — the balance based on previously learned material which is thus kept fresh and active at all times.

With each lesson offering close to fifty questions for oral reply, students are given abundant opportunity to speak — to repeat sentence patterns and vocabulary until they are firmly fixed. This practice together with frequent reintroduction of previously learned materials, results in greater conversational fluency and confidence in being able to put to actual use everything that has been learned in the classroom.

Some recommendations follow which the teacher may wish to employ to help achieve optimum results:

1. Strive for automatic responses. If a student falters do not hesitate to prompt or to supply an answer. You may even wish to read the questions and give the reply to each before engaging the class in practice with the questions.

2. Give practice with both short and long answers to the questions but do not permit one-word answers; e.g., "De quelle couleur est votre chemise?" (Long) "Ma chemise est blanche"; (short) "Est blanche."

3. Ask additional questions with variations while retaining the basic sentence pattern. If the question is "De quelle couleur sont vos souliers?" ask the next student "De quelle couleur est votre chemise?" and the next "De quelle couleur est votre cravate?" and so on.

4. Have students *ask*, as well as answer, the questions. Students, too, can devise simple variations on a basic pattern, using known vocabulary.

5. Assign written work (homework or class work) utilizing only materials that have been practiced orally in class.

6. Wherever a question makes use of the impersonal "Jean" or "Marie" substitute the names of actual members of the class. If you like, assign a French name equivalent to each student and use the French names in class.

7. Keep your class alert and interesting. If work on achieving a certain goal reaches a point of boredom, drop it temporarily and go back to it at another time. Use every opportunity to encourage and praise. Call on students at random, rather than consecutively, so that all are kept alert at all times.

In this book, grammatical principles are introduced and practiced in each lesson through conversation. Where a more elaborate explanation of grammar principles is desired, it is suggested that the companion text *Tests and Drills in French Grammar* be employed. *Tests and Drills in French Grammar* is precisely correlated, lesson for lesson, with this book.

Table des Matières

Leçon *Page*

1. Vocabulaire. Verbe ETRE 1
2. Nombres. Pronoms 3
3. Couleurs. Verbes de la 1re conjugaison 5
4. Nombres *(suite)*. Verbes de la 2e et 3e conjugaisons 8
5. Prépositions. Idiotismes avec le verbe AVOIR 11
6. Dialogue. Le verbe AVOIR et ses idiotismes *(suite)* 14
7. Dialogue (Les fruits). Pronoms et adj. possessifs 17
8. Dialogue (L'appel). Pronoms et adj. démonstratifs 21
9. Dialogue (Jours de la semaine). Verbes irréguliers 25
10. Dialogue (Comment faites-vous pour aller à l'école?). Verbes irréguliers *(suite)* 28
11. L'heure. Le passé indéfini 32
12. Dialogue (Les mois). Verbes réfléchis 35
13. Anecdote (Les progrès). Pronoms complémentaires 39
14. Une anecdote sur Daniel Webster. Pron. compl. *(suite)* 43
15. Dialogue (Au restaurant). Pron. (suite). Le passé indéfini des verbes irréguliers 46
16. Un conte d'Esope. Infinitifs 50
17. Nombres Ordinaux. Infinitifs complémentaires. Pronoms situés après une préposition 53
18. Historiette (Le garçon et les pommes). Le passé indéf. des verbes irréguliers *(suite)* 58
19. Antonymes. Révision. Verbes qui subissent des modifications d'orthographe 62
20. Dialogue (Les saisons). Verbes orthog. *(suite)* 66
21. Historiette (Les Français méridionaux parlent des échos). L'imparfait 70
22. Historiette (Le Méridional et l'Américain). L'imparfait *(suite)* 74
23. Dialogue (En attendant l'autobus). Le futur 78
24. Dialogue (Locutions de temps). Le futur des verbes irréguliers 82
25. Anecdote (Un Anglais en France). Quelques adjectifs irréguliers. Négatifs 86

French-English Vocabulary 89

LEÇON 1

Qu'est-ce? C'est un crayon.

Qu'est-ce que c'est? 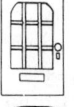 C'est un livre.

Qu'est-ce que c'est que cela?  C'est une porte.

C'est une chaise.  Ce n'est pas une porte.

C'est une table. Ce n'est pas un livre.

(Le professeur doit poursuivre l'enquête en désignant de la main d'autres objets et en posant les questions: Qu'est-ce? Qu'est-ce que c'est? Qu'est-ce que c'est que cela?)

Est-ce une table ou une chaise?  C'est une chaise.

Est-ce que c'est une table ou une chaise?  C'est une table.

(Le professeur doit continuer à désigner des objets et à poser des questions du même genre que les précédentes.)

Est-ce une porte? Non, ce n'est pas une porte.
Est-ce que c'est une fenêtre? Oui, c'est une fenêtre.
Qu'est-ce? C'est une fenêtre.

Qu'est-ce que c'est que cela? C'est un crayon.
Qu'est-ce que c'est? C'est un stylo.

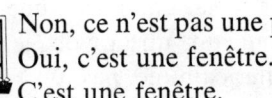

Est-ce un crayon? Non, ce n'est pas un crayon.
Est-ce que c'est une chaise? Oui, c'est une chaise.
Qu'est-ce? C'est une chaise.

Qu'est-ce que c'est que cela? C'est un stylo.

Qu'est-ce que c'est? C'est un livre.

(Le professeur doit continuer à désigner les divers objets et à poser des questions du même genre que les précédentes.)

B. EXERCICE ORAL

Je suis américain. Je ne suis pas français. Vous êtes français. Jean est français. Nous sommes étudiants. Nous ne sommes pas professeurs. Vous êtes étudiants. Marie et Hélène sont étudiantes. Elles ne sont pas professeurs. Elles sont américaines. Elles ne sont pas françaises.

1. Êtes-vous américain ou français? 2. Êtes-vous étudiant ou professeur? 3. De quelle nationalité est Jean? 4. De quelle nationalité est Marie? 5. De quelle nationalité êtes-vous? 6. Hélène est-elle étudiante ou institutrice? 7. Hélène est-elle française? 8. De quelle nationalité est Hélène?

Mots nouveaux de la leçon: une leçon, que, est (v. être), ce, une, cela, une porte, une fenêtre, une table, ou, une chaise, non, oui, un, un crayon, je, suis (v. être), un exercice, oral, un Américain, ne, pas, un Français, vous, êtes (v. être), aussi, un étudiant, nous, sommes (v. être), un professeur, et, une étudiante, sont (v. être), elles, une institutrice, une Américaine, une Française, un instituteur, de, quel, quelle, nationalité, elle.

LEÇON 2

NOMBRES

1—un   6—six
2—deux   7—sept
3—trois   8—huit
4—quatre   9—neuf
5—cinq   10—dix

$1 + 1 = 2$ Un et un font deux.
$2 + 1 = 3$ Deux et un font trois.
$3 + 2 = 5$ Trois et deux font cinq.

$4 - 3 = 1$ Quatre moins trois font un.
$5 - 2 = 3$ Cinq moins deux font trois.
$10 - 8 = 2$ Dix moins huit font deux.

$3 \times 2 = 6$ Trois fois deux font six.
$4 \times 2 = 8$ Quatre fois deux font huit.
$2 \times 5 = 10$ Deux fois cinq font dix.

1. Combien font quatre et deux? 2. Combien font quatre fois deux? 3. Combien font sept et deux? 4. Combien font quatre et six? 5. Combien font un et trois? 6. Combien font sept moins trois 7. Combien font deux fois quatre? 8. Combien font trois moins deux? 9. Combien font dix fois un? 10. Combien font dix moins trois?

B. EXERCICE ORAL

Je suis étudiant. *Il est* instituteur. Vous êtes étudiant. Jean est étudiant. *Il est* américain. *Il habite* New York. Marie est la sœur de Jean. *Elle est* étudiante et elle habite New York. *Nous sommes* amis. Nous sommes des étudiants de langue anglaise. Nous sommes étudiants et nous habitons New York. Vous n'êtes pas instituteur. *Vous êtes* étudiants. Vous habitez New York. Richard et Henri sont deux frères. Ils sont étudiants. Ils habitent New York.

La table est *verte*. Les tables sont *vertes*. Le crayon est *vert*. La leçon est *facile*. Les leçons sont *faciles*. L'exercice est *difficile*. Les exercices sont *difficiles*.

1. Êtes-vous instituteur ou étudiant? 2. Êtes-vous un garçon ou une jeune fille? 3. Jean est-il instituteur ou étudiant? 4. De quelle nationalité est Jean? 5. Marie est-elle la sœur d'Henri? 6. Est-elle institutrice ou étudiante? 7. Est-ce que vous êtes instituteurs ou étudiants? 8. De quel pays êtes-vous? 9. De quelle nationalité sont Jean et Henri? 10. Sont-ils étudiants tous les deux? 11. Est-ce que la leçon d'aujourd'hui est facile ou difficile? 12. Les exercices sont-ils faciles ou difficiles?

C. REVISION

1. Combien font sept et trois? 2. Combien font deux fois trois? 3. Combien font trois moins deux? 4. La leçon est-elle facile ou difficile? 5. De quelle couleur est la table? 6. De quelle couleur est le crayon? 7. Êtes-vous instituteurs ou étudiants? 8. L'exercice est-il facile ou difficile? 9. Est-ce que les exercices sont faciles ou difficiles? 10. Combien font dix moins neuf? 11. De quelle nationalité est Monsieur Dupré? 12. Combien font deux fois deux?

Mots nouveaux de la leçon: le nombre, deux, trois, quatre, cinq, six, sept, huit, neuf, dix, font (v. faire), moins, combien, il, la ,la sœur, dans, la classe, un ami, des, espagnol, lui, le frère, ils, vert, les, facile, un exercice, difficile, le garçon, jeune, la fille, tous, aujourd'hui, la révision, la couleur, le, monsieur, instituteur.

LEÇON 3

LES COULEURS

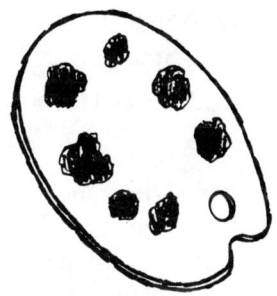

La table est blanche. Le ciel est bleu. Parfois le ciel est bleu clair. Parfois le ciel est bleu foncé. Le ciel n'est pas toujours bleu. Parfois, en hiver, le ciel est gris. Le soleil est jaune. Les murs de la salle de classe sont blancs. Les chaises sont brunes. Les cheveux de Marie sont noirs. Les cheveux de Jean sont noirs aussi. Les cheveux de Monsieur Dupré sont blancs.

A. 1. De quelle couleur est la table? 2. De quelle couleur est le ciel? 3. Le ciel est-il parfois gris? 4. Est-ce que le ciel est toujours bleu? 5. De quelle couleur sont les murs de la salle de classe? 6. De quelle couleur sont les chaises? 7. De quelle couleur sont les cheveux de Marie? 8. Les cheveux de Jean sont-ils blancs ou noirs? 9. De quelle couleur sont les cheveux du professeur? 10. De quelle couleur est le soleil? 11. Le ciel est-il bleu clair ou bleu foncé aujourd'hui? 12. La table est-elle blanche, noire ou brune?

B. EXERCICE ORAL

Je *parle* au professeur. Vous *parlez* au professeur. Jean nous *parle*. Il ne parle pas français, mais il parle bien l'anglais. Nous *parlons* français en classe. Parlez-vous français ou anglais en classe? Henri et Richard *étudient* dans la même classe. Ils *parlent* au professeur en français.

J'*achète* beaucoup de livres. *Achetez*-vous beaucoup de livres ou peu de livres? Jean et Henri *achètent* beaucoup de livres.

1. Parlez-vous bien ou mal le français? 2. Parlez-vous bien ou mal l'anglais? 3. Parlez-vous au professeur en anglais ou en français? 4. Henri et Richard parlent-ils bien ou mal le français? 5. Etudiez-vous dans la même classe qu'Henri? 6. Dans quelle classe les deux sœurs de Jean étudient-elles? 7. Marie étudie-t-elle dans la même classe que vous? 8. Le professeur parle-t-il bien ou mal le français? 9. Comment Marie parle-t-elle le français, bien ou mal? 10. Quelle langue parlez-vous en classe? 11. Quelle langue étudiez-vous?

C. REVISION

1. De quelle couleur sont les crayons? 2. Le soleil est-il rouge ou jaune? 3. Le ciel est-il bleu ou gris aujourd'hui? 4. Parlez-vous parfois français en classe? 5. De quelle couleur sont les murs? 6. Les cheveux de Jean sont-ils noirs ou blancs? 7. Achetez-vous beaucoup de livres ou peu de livres? 8. Est-ce que vous achetez beaucoup de crayons ou peu de crayons? 9. La chaise est-elle rouge foncé ou rouge clair? 10. Jean et vous, étudiez-vous la même leçon?

1. Êtes-vous français? 2. Quelle ville habitez-vous? 3. Êtes-vous professeurs ou étudiants? 4. Les exercices sont-ils faciles

ou difficiles aujourd'hui? 5. La leçon d'aujourd'hui est-elle facile ou difficile? 6. Henri et Edouard étudient-ils dans la même classe? 7. De quelle nationalité est Hélène? 8. Combien font deux fois trois? 9. Combien font six et un? 10. Jean et Henri sont-ils deux frères? 11. Est-ce que les étudiants achètent beaucoup de crayons ou peu de crayons? 12. Quelle langue parlez-vous en classe, l'anglais ou le français?

Mots nouveaux de la leçon: blanc, le ciel, bleu, parfois, clair, foncé, en (prép.), un hiver, gris, le soleil, jaune, rouge, le mur, la chambre, blanc, le(s) cheveu(x), clair, parle (v. parler), au, à, avec, le français, mais, bien, l'anglais, étudie (v. étudier), achète (v. acheter), beaucoup, le livre, peu, mal, comment, la langue, même.

LEÇON 4

NOMBRES (SUITE)

11—onze	21—vingt et un
12—douze	22—vingt-deux
13—treize	23—vingt-trois
14—quatorze	30—trente
15—quinze	31—trente et un
16—seize	32—trente-deux
17—dix-sept	40—quarante
18—dix-huit	50—cinquante
19—dix-neuf	60—soixante
20—vingt	70—soixante-dix

soixante et onze, soixante-douze, quatre-vingts, quatre-vingt un, quatre-vingt dix, quatre-vingt onze, cent.

$11 + 1 = 12$ Onze et un font douze.
$12 + 8 = 20$ Douze et huit font vingt.
$13 + 6 = 19$ Treize et six font dix-neuf.
$30 - 20 = 10$ Trente moins vingt font dix.
$17 - 4 = 13$ Dix-sept moins quatre font treize.
$12 - 6 = 6$ Douze moins six font six.
$10 \times 10 = 100$ Dix fois dix font cent.
$6 \times 8 = 48$ Six fois huit font quarante-huit.
$7 \times 5 = 35$ Sept fois cinq font trente-cinq.

1. Combien font onze et deux? 2. Combien font onze moins deux? 3. Combien font onze moins un? 4. Combien font onze moins trois? 5. Combien font dix fois dix? 6. Combien font quatre fois six, moins deux? 7. Combien font cent moins quatre-vingts? 8. Combien font cent plus cent? Cent et deux cents? Cent et trois cents? 9. Combien font trois fois trois? 10. Combien font dix-huit moins neuf?

B. EXERCICE ORAL

Je *finis* mon exercice. Vous *finissez* la leçon. Jean *choisit* un bon stylo. Qu'est-ce que Jean choisit? Marie *choisit* un livre de français. Elle et moi *choisissons* un livre rouge. Qu'est-ce que Henri et Richard choisissent? Ils *finissent* leur exercice durant la classe de français. Je finis mon exercice de français. Que finissez-vous? Nous finissons notre exercice. Qu'est-ce que Jean et Richard finissent? Ils finissent leur exercice de français. *Lisez*-vous le journal? Oui, je lis le journal. J'écris une lettre. Nous écrivons des lettres.

1. Où habitez-vous? 2. Où Édouard habite-t-il? 3. Où habite le professeur? 4. Lisez-vous le journal tous les jours? 5. Quel journal achetez-vous? 6. Achetez-vous beaucoup de journaux ou peu de journaux? 7. A qui écrivez-vous cette lettre? 8. Mangez-vous toujours à la maison ou mangez-vous quelquefois au restaurant? 9. A quel restaurant mangez-vous? 10. Où Jean et Guillaume mangent-ils tous les jours, à la maison ou au restaurant? 11. Apprenez-vous beaucoup de mots ou peu de mots tous les jours? 12. Combien de mots nouveaux apprenez-vous chaque jour?

C. REVISION

1. Combien font onze et trois? 2. Combien font dix et dix? 3. Jean habite-t-il rue Bonaparte ou rue Main? 4. Où le professeur mange-t-il, à la maison ou au restaurant? 5. Combien de mots les étudiants apprennent-ils tous les jours? 6. Ecrivez-vous parfois des lettres? 7. Qu'est-ce qui est plus facile, apprendre une leçon de français ou une leçon d'anglais? 8. Qu'est-ce qui est plus facile, rédiger une lettre en français ou en anglais? 9. Est-ce facile ou difficile d'apprendre le français? 10. Combien font douze moins onze?

11. Combien font cent moins cinquante? 12. Combien font trente mois quinze?

1. Êtes-vous professeur ou étudiant? 2. Sommes-nous américains ou mexicains? 3. En hiver, le ciel est-il toujours bleu ou est-il parfois gris? 4. A qui est le livre rouge? 5. A qui est le crayon gris? 6. Habitez-vous près de l'école ou loin de l'école? 7. Jean habite-t-il près de chez vous ou loin de chez vous? 8. Parlez-vous bien le français? 9. Jean est-il professeur ou étudiant? 10. Qui finit la leçon? 11. Qui choisit la page? 12. Le soleil est-il rouge ou jaune? 13. La leçon d'aujourd'hui est-elle facile ou difficile? 14. Les exercices d'aujourd'hui sont-ils faciles ou difficiles? 15. Hélène et Rose sont-elles deux sœurs? 16. Vend-il sa maison?

1. Edouard lit-il chaque jour? 2. Est-ce que vous lisez beaucoup? 3. Les étudiants lisent-ils beaucoup ou peu? 4. Jean comprend-il les mots nouveaux? 5. Comprenez-vous les expressions faciles? 6. Prenez-vous le livre du professeur? 7. Les étudiants prennent-ils des leçons de français? 8. Est-ce que je prends le livre ou les crayons? 9. Georges et Pierre choissent-ils des crayons rouges? 10. Marie finit-elle sa leçon? 11. Choisissez-vous bien vos livres?

Mots nouveaux de la leçon: suite, onze, douze, treize, quatorze, quinze, seize, dix-sept, dix-huit, dix-neuf, vingt, quarante, cinquante, soixante, quatre-vingts, cent, lequel, donne (v. donner), plus, grand, finis (v. finir), choisit (v. choisir), bon, le stylo, moi, pour, votre, le pain, chaque, le jour, saisit (v. saisir), le mot, nouveau, une expression, prends (v. prendre), du, vos, apprenez (v. apprendre), le jour, habite (v. habiter), la rue, ou, mange (v. manger), la maison, le restaurant, envoyez (v. envoyer), la lettre, rédiger, toujours, près, loin, une école, la page, vend (v. vendre), sa.

LEÇON 5

PREPOSITIONS

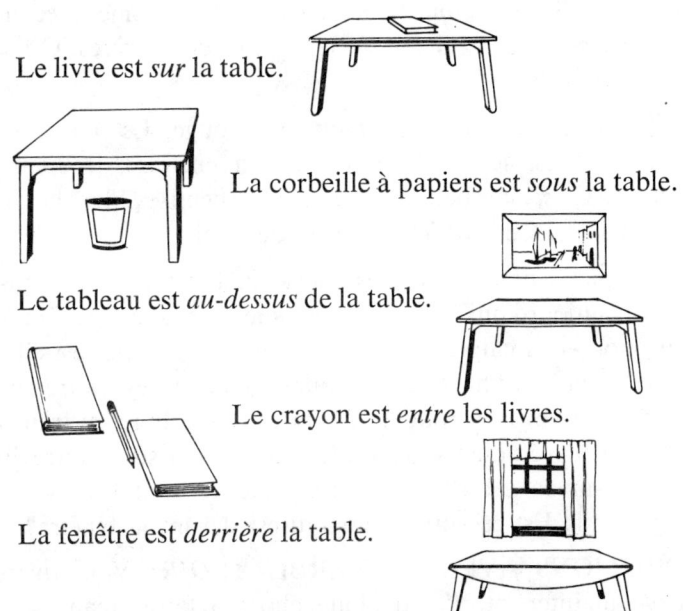

Le livre est *sur* la table.

La corbeille à papiers est *sous* la table.

Le tableau est *au-dessus* de la table.

Le crayon est *entre* les livres.

La fenêtre est *derrière* la table.

1. D'après le premier dessin, le livre est-il sous la table ou sur la table? 2. Où est le livre? 3. D'après le deuxième dessin, la corbeille à papiers est-elle sur la table ou sous la table? 4. Où est la table? 5. Où est la corbeille à papiers? 6. Où est le tableau? 7. D'après le quatrième dessin, le crayon est-il sur les livres ou entre les livres? 8. Où est le crayon? 9. Les livres sont-ils sur le crayon ou à côté du crayon? 10. Où sont les livres? 11. D'après le dernier dessin, la table est-elle devant ou derrière la fenêtre? 12. La fenêtre est-elle derrière ou devant la table? 13. D'après le troisième dessin, où est la table?

B. EXERCICE ORAL

Je *suis* américain. Je *suis* fatigué aujourd'hui. Vous *êtes* très grand. Pourquoi *êtes*-vous si nerveux aujourd'hui? Jean *est* très intelligent. Jean *est* malade aujourd'hui. Nous *sommes* étudiants. Nous *sommes* en classe en ce moment et nous étudions le français. Jean et Henri *sont* deux frères. Où *sont* Jean et Henri?

Le livre *est* rouge. C'*est* un livre rouge. Le livre *est* sur la table. C'*est* le livre de Marie. La chemise de Jean *est* blanche. C'*est* une belle chemise. Les chemises blanches *sont* un peu sales. Ce *sont* les chemises de Paul.

1. De quelle nationalité êtes-vous? 2. Pourquoi êtes-vous si fatigué aujourd'hui? 3. Les pommes ne sont pas mûres; pourquoi *en* mangez-vous? 4. Pourquoi Marie est-elle si nerveuse aujourd'hui? 5. De quelle couleur est votre livre? 6. En avez-vous un rouge? 7. Où est votre livre de français? 8. Êtes-vous étudiants ou professeurs? 9. Est-ce votre livre qui est sur la table? 10. Est-ce que ce sont les livres de Marie? 11. Est-ce votre sœur qui est devant la fenêtre?

LOCUTIONS AVEC LE VERBE *AVOIR*: Vous *avez la parole* maintenant. J'*ai* quelque chose à faire. Jean est très fort, il *a* toujours *raison de* Marie. J'*ai peur de* la vache parce qu'elle est très grosse. Qu'*avez*-vous?

C. REVISION

1. Votre crayon est-il sur le pupître ou sous le pupître? 2. Le bureau du professeur est-il devant la classe ou derrière les étudiants? 3. Voici quatre gâteaux. En voulez-vous un? 4. De quelle couleur est le tableau? 5. Le cahier sur la table est-il celui de Jean? 6. Qui est assis devant vous? Est-ce Marie? 7. Qui est assis derrière-vous? Est-ce que c'est le professeur? 8. Qui est assis à côté de vous? Est-ce le professeur de français?

9. Le professeur est-il assis ou debout? 10. Êtes-vous assis ou debout? 11. Êtes-vous étudiants ou professeurs? 12. Qu'est-ce que vous étudiez en ce moment? 13. Est-ce à Jean ce cahier qui est sur la table?

1. J'ai trois crayons; en avez-vous trois aussi? 2. Combien de mots français apprenez-vous chaque jour? 3. En apprenez-vous beaucoup? 4. Habitez-vous loin ou près de l'école? 5. Dans quelle boutique achetez-vous des livres? 6. Avez-vous peur des vaches? 7. Avez-vous la parole maintenant? 8. Devez-vous étudier le français à l'école? 9. Quand vous avez l'occasion d'étudier, étudiez-vous? 10. Avez-vous toujours raison? 11. Jean et vous, êtes-vous les deux frères? 12. De quelle couleur est le ciel en hiver? 13. Où est Jean en ce moment? 14. Jean étudie-t-il dans la même classe que vous? 15. De quelle couleur sont les murs de votre chambre?

Composez une phrase avec chacune des expressions suivantes:

derrière	avoir à
devant	à côté de
au-dessus de	avoir la parole
avoir peur	en avoir
debout	la leçon d'aujourd'hui
avoir raison	être assis
la classe de français	c'est, ce sont

Mots nouveaux de la leçon: la préposition, sur, le tableau, au-dessus de, derrière, la corbeille, le papier, sous, entre, d'après, le dessin, à côté de, devant, la chemise, belle, un peu, sale, le verbe, ai (v. avoir), la parole, maintenant, avoir à faire, très, fort, avoir raison, avoir peur, la vache, parce que, gros, le pupître, le bureau, voici, le gâteau, en (pron.), le cahier, assis, debout, qui (pron.), la boutique, une occasion, le père.

LEÇON 6

C'est la classe de français. Il y a (*) beaucoup d'étudiants dans la classe. Il y a seize filles et quatorze garçons. Nous avons une salle de classe très agréable. Il y a beaucoup de fenêtres et la salle de classe est très claire. Il y a de très jolis rideaux rouges aux fenêtres et il y a aussi quelques tableaux au mur. Le professeur, Monsieur Duval, est français. Il parle très bien le français. Il dit:

"Bonjour. Comment allez-vous ce matin?"
"Bien, merci."
Aujourd'hui, nous étudions la leçon numéro dix."
"Avez-vous tous votre livre de français?"
"Oui, professeur, nous avons notre livre de français."
"Avez-vous vos crayons et du papier?"
"Oui, nous avons nos crayons et du papier."
"Avez-vous un cahier?"
"Oui, nous avons un cahier."
"Très bien, vous êtes de très bons étudiants."
"Merci beaucoup, professeur!"

(*) Il y a — *there is, there are* — impersonal form of verb *avoir*.

1. Est-ce présentement votre classe d'anglais ou votre classe de français? 2. Y a-t-il beaucoup ou peu d'étudiants dans votre classe? 3. Combien de garçons y a-t-il dans votre classe? 4. Combien de jeunes filles y a-t-il dans votre classe? 5. Votre salle de classe est-elle agréable? 6. Votre salle de classe est-elle claire ou sombre? 7. Combien de fenêtres y a-t-il dans la salle de classe? 8. Combien de tableaux y a-t-il au mur? 9. De quelle nationalité est votre professeur? 10. Votre professeur parle-t-il bien ou mal le français? 11. Comment salue-t-il les étudiants? 12. Comment les étudiants saluent-ils le professeur?

B. EXERCICE ORAL

J'*ai* un livre de français. Vous *avez* deux nouveaux livres. Jean *a*-t-il beaucoup d'amis à l'école? Nous *avons* des cahiers rouges. Edouard et Henri *ont* les cheveux noirs.

Nous *avons* quelque chose à faire ce soir. L'institutrice dit qu'elle *a chaud*. J'*ai froid*. J'*ai très faim*. Jean a dix-sept ans. J'ai dix-huit ans. La sœur de Jean a six ans. Quel âge avez-vous? Quel âge a le professeur?

Nous avons plusieurs exercices à faire. Nous avons plusieurs mots nouveaux à apprendre. Elle a plusieurs lettres à écrire. Nous avons une composition à faire ce soir. Ils ont du français à apprendre ce soir.

1. Combien de livres avez-vous? 2. Avez-vous un cahier? 3. Les étudiants ont-ils des cahiers? 4. Quel âge a Jean? 5. Quel âge a Hélène? 6. Quel âge a votre frère? 7. Ouvrez-vous la fenêtre quand vous avez froid ou quand vous avez chaud? 8. Que buvez-vous quand vous avez très soif? 9. Combien de mots avez-vous à apprendre aujourd'hui? 10. Combien de phrases avez-vous à écrire ce matin? 11. Avez-vous plusieurs lettres à écrire? 12. Avez-vous plusieurs livres à lire en français?

C. REVISION

1. Le ciel est-il clair ou couvert? 2. Y a-t-il des rideaux aux fenêtres de votre salle de classe? 3. De quelle couleur sont-ils? 4. Sont-ils sales ou propres? 5. Sont-ils jolis ou laids? 6. Y a-t-il des garçons et des filles dans votre classe? 7. Combien de frères avez-vous? 8. Avez-vous beaucoup d'amis ou peu d'amis à l'école? 9. Avez-vous beaucoup à apprendre en français? 10. Avez-vous plusieurs mots à apprendre aujourd'hui ou peu de mots?

1. Avez-vous un bon professeur de français? 2. Où habite-t-il? 3. Quel âge a-t-il? 4. Parle-t-il bien ou mal l'anglais? 5. Combien d'étudiants y a-t-il dans votre classe? 6. Mangez-vous toujours à la maison ou quelquefois au restaurant? 7. Le frère d'Henri est-il au Mexique ou en France? 8. Où habitez-vous? 9. Où habite votre professeur de français? 10. Henri est-il dans la même classe que vous? 11. Combien d'étudiants sont absents aujourd'hui? 12. La leçon d'aujourd'hui est-elle facile ou difficile? 13. Les exercices d'aujourd'hui sont-ils faciles ou difficiles? 14. Rachelle est-elle assise devant vous ou derrière vous? 15. Le professeur est-il assis ou debout?

EXPRESSIONS

Employez les expressions suivantes dans des phrases écrites:

il y a	avoir . . . ans	avoir faim
salle de classe	avoir froid	avoir à . . .
bonjour	avoir chaud	à la maison
merci beaucoup (bien)	avoir soif	quelquefois

Mots nouveaux de la leçon: il y a, le garçon, la fille, avoir, la salle, agréable, le rideau, joli, dire, bon, le jour, l'élève (m), demain, merci, le cahier, saluer, chaud, froid, l'année (f), la faim, la soif, quand, heure, par, propre, laid.

LEÇON 7

Le professeur : — Nous allons parler aujourd'hui des différentes sortes de fruits. Quels sont les fruits que vous mangez ordinairement ?

L'étudiant : — Nous mangeons des oranges, des pommes, des bananes et des poires.

— Edouard, quel est votre fruit préféré ?

— Mon fruit préféré est l'orange. Je mange des oranges tous les jours.

— Est-ce que l'orange est un fruit sucré ou acide ?

— Généralement les oranges sont acides, quand elles sont vertes. Par contre elles sont sucrées, quand elles sont mûres.

— Pierre, quel est votre fruit préféré ?

— Mon fruit préféré est la pomme.

— Pierre, comment s'appelle l'arbre sur lequel poussent les pommes ?

— Il s'appelle le pommier.

— Comment s'appelle l'arbre sur lequel poussent les poires ?

— Il s'appelle le poirier.

— Comment pouvez-vous différencier un poirier d'un pommier ?

— Par les fruits.

— Et s'il n'y a pas de fruits sur les arbres?
— Alors j'attends.

1. De quoi vont parler le professeur et les étudiants aujourd'hui? 2. De quoi allez-vous parler aujourd'hui durant votre classe de français? 3. Y a-t-il plusieurs sortes de fruits? 4. Quels sont les fruits que vous mangez ordinairement? 5. Quel est votre fruit favori? 6. Mangez-vous beaucoup ou peu de pommes? 7. L'orange est-elle un fruit sucré? 8. La pomme est-elle un fruit sucré? 9. Comment s'appelle l'arbre sur lequel poussent les poires? 10. Comment s'appelle l'arbre sur lequel poussent les pommes? 11. Comment pouvez-vous différencier un pommier d'un poirier?

B. EXERCICE ORAL

J'ai *mon* livre et mon stylo. Vous avez *votre* crayon et votre stylo. Jean a *son* livre avec lui.* Marie voit *son* cartable sur la table.

Au cours de *notre* leçon aujourd'hui, nous allons parler des différentes sortes de fruits. Il y a des rideaux aux fenêtres de *notre* chambre. Jean et Marie parlent français avec *leur* professeur.

Nous parlons toujours français avec *notre* professeur. Jean a *ses* livres avec lui. J'écris toutes *mes* lettres en anglais.

1. Où étudiez-vous vos leçons, à la maison ou à l'école? 2. Où gardez-vous votre argent, dans votre porte-monnaie ou dans votre cartable? 3. Où Jean garde-t-il son argent, dans son

---

*Note: lui — disjunctive pronoun used after preposition.

porte-monnaie ou dans son cartable? 4. Où prenons-nous nos leçons de français? 5. Où Jean et Henri prennent-ils leurs leçons de français? 6. Où sont nos livres maintenant? 7. Marie est-elle votre amie ou l'amie d'Henri? 8. Ecrivez-vous beaucoup de lettres ou peu de lettres à vos amies? 9. Votre sœur écrit-elle beaucoup de lettres à ses amies? 10. Qui est votre professeur de français?

C. REVISION

1. La poire est-elle un fruit sucré ou acide? 2. La banane est-elle un fruit sucré ou acide? 3. Dans quel pays poussent les bananes? 4. De quelle couleur sont les oranges? 5. De quelle couleur sont les bananes? 6. Aimez-vous beaucoup ou peu les poires? 7. Les fruits verts sont-ils acides ou sucrés? 8. Les pommes vertes sont-elles sucrées ou acides? 9. Les oranges mûres sont-elles sucrées ou acides? 10. Comment s'appelle l'arbre sur lequel poussent les oranges? 11. Comment vous appelez-vous? 12. Comment s'appelle votre professeur de français?

1. Combien font six et trois? Deux fois trois? Sept moins cinq? 2. La leçon d'aujourd'hui est-elle facile ou difficile? 3. Les exercices sont-ils faciles ou difficiles aujourd'hui? 4. Etudiez-vous dans la même classe qu'Henri ou dans une autre classe? 5. Habitez-vous près ou loin de votre école? 6. Qu'est-ce qui vous est plus facile, écrire vos compositions en anglais ou en français? 7. En hiver, le ciel est-il toujours bleu ou parfois est-il gris? 8. Dans quelle rue habite Jean? 9. Son livre de français est-il sur la table ou sous la table? 10. Le tableau est-il en avant de la classe ou à l'arrière de la classe? 11. Quel est le pays d'origine de votre professeur de français? 12. De quelle nationalité êtes-vous? 13. Quelles langues votre pro-

fesseur de français parle-t-il? 14. Parle-t-il bien ou mal l'anglais? 15. Y a-t-il une corbeille à papiers dans votre salle de classe? Où est-elle?

Employez les expressions suivantes dans des phrases:

nous allons parler	quelquefois	s'appeler
tous les jours	par contre	garder quelque chose
tous les matins		

LEÇON 8

Tous les matins, durant la classe de français, Monsieur Dupré fait l'appel. Il appelle les étudiants les uns après les autres. Il dit:

"Raoul Beauchamp"
"Présent"
"Hélène Dubois"
"Présente"
"Henri Dumoulin"
"Henri est absent aujourd'hui, monsieur le professeur."
"Ah, oui, Henri est votre frère. Où est Henri aujourd'hui?"
"Il est à la maison. Il est malade."
"J'en suis très désolé." (Après un moment.) Aujourd'hui, nous allons étudier les pronoms démonstratifs: *celui, celle, ceux, celles.*

Quelle est la différence d'emploi, Guillaume, entre *celui-ci, celle-là, ceux-ci, celles-là?*

"Nous nous servons de *-ci* pour indiquer les choses qui sont près de la personne qui parle et de *-là* pour les choses près de la personne qui écoute.

"Très bien. Maintenant, Hélène, quel est le féminin de *celui* et de *ceux?*"

"Le féminin de *celui* est *celle,* le féminin de *ceux* est *celles."*

"Henri, quel est le pluriel de ces pronoms?"

"Le pluriel masculin de *celui* est *ceux.* Le pluriel féminin de *celle* est *celles.*

"Très bien."

1. Que fait Monsieur Dupré tous les jours? 2. Comment fait-il l'appel? 3. Raoul Beauchamp est-il absent ou présent? 4. Henri Dumoulin est-il absent ou présent? 5. Pourquoi Henri est-il absent? 6. Qu'est-ce que les étudiants doivent étudier aujourd'hui? 7. Quels sont les pronoms démonstratifs? 8. Quelle est la différence entre *celui-ci, celle-là, ceux-ci, celles-là?* 9. Quel est le féminin de *celui?* 10. Quel est le masculin de *celles?* 11. Quel est le pluriel de *celui* et de *celle?* 12. Quel est le féminin de *celui* et de *ceux?*

B. EXERCICE ORAL

Ce crayon-ci est vert. *Ce crayon-ci,* sur la table est rouge. Ce crayon-*là* sur la chaise est noir. *Cette* table-*ci* est *celle* du professeur. Ce stylo-*là* sur la table est neuf. Cette revue-*là* sur le bureau du professeur est intéressante.

Ces crayons-*ci* sont à moi. Ces livres-*là* sont à elle. Cette automobile-là de l'autre côté de la rue, est celle de Monsieur Dupré. Ces stylos-ci sont très bons. Ces revues viennent du Mexique. Ces garçons-là sont les deux frères.

(Le professeur doit indiquer les différents objets
de la salle de classe.)

1. Ce livre-ci, est-ce votre livre ou le livre de Jean? 2. Ces livres-ci, est-ce que ce sont* vos livres ou les livres de Marie?

---

*Note: The form *sont-ce* is not used, use *est-ce que ce sont.*

3. A qui sont ces livres? 4. Ce crayon-ci, est-ce votre crayon ou mon crayon? 5. Ces crayons-ci, est-ce que ce sont vos crayons ou mes crayons? 6. A qui sont ces crayons-ci? 7. Ces livres-là sont-ils rouges ou verts? 8. Ces chaises-là sont-elles blanches ou noires? 9. Ces hommes-ci, est-ce qu'ils sont vos amis? 10. Ces revues-ci qui sont sur la table, sont-elles à vous ou au professeur?

C. REVISION

1. Le professeur fait-il l'appel de sa classe tous les jours? 2. Y a-t-il beaucoup ou peu d'étudiants absents aujourd'hui? 3. Quels sont les pronoms démonstratifs en français? 4. Vous est-il plus facile d'employer les pronoms démonstratifs en anglais ou en français? 5. En français, employons-nous *ci* pour indiquer les objets près de nous ou loin de nous? 6. Employons-nous *là* pour indiquer les objets près de la personne qui parle ou loin de la personne qui parle? 7. A qui sont ces chapeaux-ci sur la chaise? 8. A qui sont ces chapeaux-là sur la table? 9. Cet exercice est-il facile ou difficile? 10. Cette leçon est-elle facile ou difficile?

1. Y a-t-il beaucoup ou peu de fenêtres dans votre salle de classe? 2. Y a-t-il plusieurs tableaux aux murs? 3. Les tableaux sont-ils beaux ou laids? 4. Comment saluez-vous le professeur le matin quand vous entrez en classe? 5. Avez-vous plusieurs leçons à étudier ce soir chez vous? 6. De quelle couleur est votre chapeau? 7. Quel âge avez-vous? 8. Quel âge a Marie? 9. Votre crayon est-il sur le pupître ou sous le pupître? 10. Qui est assis à côté de vous? 11. Qui est assis devant vous? 12. Jean est-il grand ou petit? 13. Où est Jean maintenant? 14. Pourquoi Hélène est-elle si nerveuse aujourd'hui? 15. Hélène, est-elle une bonne ou une mauvaise élève?

Mettez en pratique les expressions suivantes dans des phrases:

tous les matins	après	près de
tous les jours	en usage	loin de
tous les soirs	de l'autre côté	à la maison
faire l'appel	la différence entre	*l'un derrière l'autre

Mots nouveaux de la leçon: faire l'appel, derrière, autre, regretter, après, le moment, le pronom, démonstratif, l'emploi (m), employer, indiquer, la chose, l'objet (m), la personne, écouter, féminin, pluriel, ici, la revue, intéressant, l'automobile (f), de l'autre côté de, le chapeau, entrer, la nuit, faire, la différence, masculin.

---

*Note: Les uns, les autres to counterbalance pronunciation.

LEÇON 9

Le professeur Dupré enseigne les jours de la semaine. Il dit:

"Comme vous le savez, il y a sept jours dans une semaine, ce sont: lundi, mardi, mercredi, jeudi, vendredi, samedi, et dimanche. Jean, quel jour est-ce aujourd'hui?"

"Aujourd'hui c'est lundi, Monsieur."

"Guillaume, quel est le premier jour de la semaine?"

"Le premier jour de la semaine est lundi."

"Et le deuxième jour de la semaine?"

"Le deuxième jour de la semaine est mardi."

"Et le dernier jour de la semaine est dimanche."

"Une autre question maintenant. Charles, quel jour vient avant mercredi?"

"Mardi vient avant mercredi."

"Quel jour vient avant samedi?"

"Vendredi vient avant samedi."

"Hélène, quel jour vient après samedi?"

"Dimanche vient après samedi."

"Quel jour vient après lundi?"

"Mardi vient après lundi."

"Georges, quel jour de la semaine préférez-vous?"

"Je préfère le samedi, parce qu'il n'y a pas de classe."

1. Qu'est-ce que Monsieur Dupré enseigne? 2. Combien de jours y a-t-il dans la semaine? 3. Quels sont les jours de la semaine? 4. Quel jour est-ce aujourd'hui? 5. Quel est le premier jour de la semaine? 6. Quel est le deuxième jour de la semaine? 7. Quel est le dernier jour de la semaine? 8. Quel

jour vient avant samedi? 9. Quel jour vient avant jeudi? 10. Quel jour vient après jeudi? 11. Quel jour vient après mardi? 12. Quel est le jour de la semaine que vous préférez?

B. EXERCICE ORAL

Le professeur enseigne les jours de la semaine. Le professeur enseigne aux étudiants. Je *vois* l'automobile de Jean dans la rue. Je *vois* Jean dans la rue. Hélène écoute la radio. Elle écoute le professeur.

Il *court* dans la rue. Il *part* pour l'école à huit heures tous les matins. *Dormez*-vous tard le matin? Je *dors* tard le dimanche mais je ne dors pas tard les autres jours de la semaine. Le professeur *ouvre* la porte de la salle de classe. Il *ouvre* la fenêtre et il dit:

"Marie, *ouvrez* la fenêtre, s'il vous plaît. Nous *ouvrons* notre livre de français à la page dix."

A quelle heure *partez*-vous de chez vous le matin? Je *pars* de bonne heure. Jean et Pierre *partent* ensemble.

1. Qui enseigne aux étudiants les jours de la semaine? 2. Qui voyez-vous dans la rue? 3. A qui faites-vous beaucoup de cadeaux? 4. Qui écoutez-vous pendant la leçon? 5. Est-ce que le professeur fait l'appel tous les jours? 6. Qui saluez-vous quand vous entrez dans la salle de classe? 7. A qui écrivez-vous des lettres? 8. Où mettez-vous vos livres quand vous entrez dans la salle de classe? 9. Est-ce que vous faites vos devoirs tous les soirs? 10. Parlez-vous bien le français? 11. Conduisez-vous votre frère à l'école tous les matins? 12. Apportez-vous beaucoup ou peu de livres à l'école?

C. REVISION

1. Est-ce que lundi est le premier jour de la semaine? 2. Est-ce que dimanche est le premier ou le dernier jour de la semaine? 3. Quel jour est-ce aujourd'hui? 4. Est-ce que cette semaine est la première ou la dernière du mois? 5. Combien de mois y a-t-il dans une année? 6. Avez-vous une automobile? 7. Quelle est la différence d'emploi entre *celui-ci* et *celui-là*? 8. Que faites-vous quand vous avez faim? 9. Que faites-vous quand vous avez soif? 10. De quelle couleur est la chemise d'Henri? 11. La chemise d'Henri est-elle propre ou sale? 12. Etudiez-vous vos leçons avant ou après le dîner? 13. Le matin saluez-vous le professeur avant d'entrer ou après être entré* dans la classe? 14. Quel est votre journal favori? 15. Lisez-vous le journal tous les jours ou de temps en temps?

Employez les expressions suivantes dans des phrases:

avant de	après	entrer dans
avoir faim	avoir soif	tous les jours
de temps en temps		

Mots nouveaux de la leçon: la leçon, la semaine, comme, enseigner, dernier, venir, avant de, après, voir, la radio, de bonne heure, le cadeau, savoir, mettre, le mois, lundi, mardi, mercredi, jeudi, vendredi, samedi, dimanche, ensemble, ouvrir, dormir, partir.

---

*Note: The preposition *après* (after) requires usage of the past infinitive.

LEÇON 10

Le professeur: — Hélène, allez-vous à l'école en autobus ou en métro?

Hélène: — Je vais à l'école en autobus.

Le professeur: — Et Robert, comment allez-vous à l'école? Allez-vous en autobus?

Robert: — J'y vais en métro.

— Et Rachelle, comment y allez-vous?

— J'y vais à pied. Il est très agréable de marcher le matin. Je vois beaucoup de choses intéressantes et aussi c'est un très bon exercice.

— Jean, combien coûtent le billet d'autobus et le billet de métro?

— Le billet d'autobus coûte dix sous et celui du métro quinze sous; mais mon petit frère n'a rien à payer.

— Pourquoi votre petit frère n'a-t-il rien à payer? Quel âge a-t-il?

— Il a huit ans.

— Mais les enfants de plus de six ans doivent payer dans l'autobus ou le métro.

— Oui, mais dans l'autobus ou le métro mon frère a seulement cinq ans.

1. Comment allez-vous à l'école, en autobus ou en métro?
2. Comment votre ami Jean va-t-il à l'école? 3. Comment voyagent les autres étudiants? 4. Allez-vous à l'école tous les jours?
5. Quels jours n'allez-vous pas à l'école? 6. Allez-vous à l'école à pied de temps en temps? 7. Combien coûte le billet d'autobus? 8. Combien coûte le billet de métro? 9. Quel âge a le frère de Jean? 10. Pourquoi le frère de Jean ne paie-t-il pas dans l'autobus ou le métro?

B. EXERCICE ORAL

Je *dis* toujours la vérité. Jean *dit* qu'il est malade. Ils *disent* qu'ils ne *peuvent* pas aller à la réunion ce soir.

Je ne *peux* pas entendre ce que* le professeur dit. *Pouvez*-vous entendre le professeur? Quand il parle à voix basse personne ne *peut* entendre ce qu'il *dit*. Nous *entendons* bien quand il parle à haute voix.

Je *veux* aller au cinéma ce soir. Pourquoi ne *voulez*-vous pas y** aller avec nous? Jean et Hélène *veulent* y aller. Je *vais* à l'école à pied. Comment *allez*-vous à l'école? Comment y *vont* les autres étudiants?

Je ne *peux* pas aller avec vous ce soir. *Pouvez*-vous venir au cinéma avec nous ce soir?

Nous *pouvons* attendre Jean ici. Comment *pouvez*-vous distinguer un pommier d'un poirier?

---

*Note: ce que = what, relative pronoun or *that which,* in a relative sentence.
**Note: y = there, pronominal adverb of place.

1. Pourquoi n'entendez-vous pas toujours bien ce que le professeur dit? 2. Parle-t-il à voix basse ou à haute voix? 3. Pourquoi ne pouvez-vous pas aller au cinéma ce soir? 4. Pourquoi Jean ne peut-il pas y aller? 5. Pourquoi Edouard dit-il qu'il ne veut pas apprendre le français? 6. Allez-vous à l'école seul ou avec un ami? 7. Pourquoi la majorité des étudiants vont-ils à l'école à pied? 8. Comment le professeur se rend-il à l'école, en automobile ou en autobus? 9. Quelle langue parlez-vous le mieux, l'anglais ou le français? 10. Arrivez-vous à l'école avant ou après Jean?

C. REVISION

1. Lequel est le plus rapide, le métro ou l'autobus? 2. Combien payez-vous dans l'autobus? 3. Combien payez-vous dans le métro? 4. Combien de temps vous faut-il* pour vous rendre à l'école en autobus? 5. Combien de temps vous faut-il pour vous rendre à l'école en métro? 6. Combien de temps vous faut-il pour venir à l'école à pied? 7. Arrivez-vous à l'école plus tôt si vous prenez l'autobus ou si vous venez à pied? 8. Faites-vous beaucoup ou peu d'exercice? 9. La leçon est-elle facile ou difficile aujourd'hui? 10. Quel exercice faites-vous tous les jours?

1. Est-ce que lundi est le premier ou le deuxième jour de la semaine? 2. Quel jour est-ce aujourd'hui? 3. Quel jour vient après lundi? 4. Quel jour vient avant lundi? 5. Quel est le dernier jour de la semaine? 6. En français employons-nous *celui-là* pour indiquer les objets qui sont près ou loin de nous? 7. Y a-t-il beaucoup ou peu d'étudiants absents de la classe

---

*Note: vous faut-il = is it necessary for you?

aujourd'hui? 8. Qui est absent? 9. A qui sont ces livres sur la table? 10. Le mot *soif* est-il *masculin* ou *féminin*? 11. Quel est le pluriel de *ce*? 12. Devez-vous passer beaucoup de temps à étudier le français? 13. Combien d'heures devez-vous étudier chaque soir? 14. De quelle couleur sont les murs de votre salle de classe? 15. Où êtes-vous en ce moment? 16. Quels sont les jours de la semaine?

Employez les expressions suivantes dans des phrases:

en autobus	plus de six	à voix basse
en métro	de temps en temps	à haute voix
faire de l'exercice	dire la vérité	tarder à
à pied	il faut	passer le temps
demain matin	ce soir	

Mots nouveaux de la leçon: l'autobus (m), le métro, agréable, le billet, marcher, le soir, petit, rien, l'enfant (m), seulement, entendre, vouloir, la voix, bas, le cinéma, la fête, la personne, la meilleure, falloir, payer, arriver, prendre.

LEÇON 11

Quelle heure est-il?

Il est sept heures précises.

Quelle heure est-il?

Il est midi (minuit) et demi.

Quelle heure est-il?

Il est une heure moins le quart.

Quelle heure est-il?

Il est cinq heures dix.

Quelle heure est-il?

Il est sept heures moins vingt.

1. A quelle heure commence l'école tous les jours? 2. A quelle heure prenez-vous le petit déjeuner? 3. A quelle heure partez-vous de chez vous? 4. A quelle heure arrivez-vous à l'école? 5. A quelle heure terminez-vous vos cours? 6. A quelle heure partez-vous de l'école? 7. A quelle heure arrivez-vous chez vous? 8. A quelle heure étudiez-vous vos leçons? 9. A quelle heure dînez-vous chez vous tous les soirs? 10. A quelle heure finissez-vous d'étudier le soir?

B. EXERCICE ORAL

J'*étudie* dans la classe du professeur Dupré. Hier j'*ai étudié* dans la classe de Monsieur Dupré. Vous *arrivez* toujours à l'école à l'heure. Hier vous *êtes arrivé* à l'école en retard. Jean *parle* français avec le professeur. Hier, Jean *a parlé* français avec le professeur durant quelques minutes. Elles *vendent* toujours leurs livres à la fin de l'année scolaire. L'année dernière, elles *ont vendu* tous leurs livres à la fin de l'année scolaire. Où *avez-vous acheté* votre livre de français? Pendant combien d'années, Monsieur Dupré *a-t-il vécu** à Paris? Christophe Colomb a *découvert* l'Amérique en (l'année) 1492. Jean *a ouvert* la fenêtre à la demande de l'institutrice. Hier, *j'ai reçu*** deux lettres du Mexique. Monsieur et Madame Dumoulin *ont passé* deux mois au Mexique l'hiver dernier.

1. A quelle heure arrivez-vous à l'école tous les matins? 2. A quelle heure êtes-vous arrivé à l'école hier? 3. A quelle heure prenez-vous votre petit déjeuner tous les jours? 4. A quelle heure avez-vous pris votre petit déjeuner ce matin? 5. A quelle heure partez-vous de chez vous le matin? 6. A quelle heure êtes-vous parti de chez vous ce matin? 7. Êtes-vous venu en autobus ou en métro? 8. Combien de temps avez-vous mis pour arriver à l'école? 9. Venez-vous à l'école seul ou avec quelques amis? 10. A quelle heure Jean est-il arrivé à l'école ce matin? 11. A quelle heure les autres étudiants sont-ils arrivés? 12. Combien d'heures avez-vous étudié hier soir?

C. REVISION

1. Où avez-vous passé vos vacances l'année dernière? 2. Où le professeur a-t-il passé ses vacances l'été dernier? 3. Pendant combien d'années Monsieur Dupré a-t-il vécu en France? 4. Où Hélène a-t-elle si bien appris à parler français? 5. Combien avez-vous payé votre livre de français? 6. Qui a découvert l'Amérique? 7. En quelle année Christophe Colomb

---

*Note: vécu — lived, past participle of verb vivre.
**Note: reçu — received, past participle of verb recevoir.

a-t-il découvert l'Amérique? 8. Pourquoi Hélène et Marie sont-elles arrivées à l'école en retard ce matin? 9. Comment sont-elles venues à l'école, à pied ou en autobus? 10. Qui, à l'école, a ouvert les fenêtres pour le professeur? 11. Pourquoi n'avez-vous pas pris soin de bien faire vos devoirs hier soir? 12. Combien Paul a-t-il payé son nouveau complet?

1. Combien coûte le trajet en autobus dans votre ville? 2. De* combien de temps étiez-vous en retard à l'école ce matin? 3. Combien de temps avez-vous mis pour arriver à l'école ce matin? 4. Où prenez-vous le tramway ou l'autobus quand vous vous rendez à l'école? 5. Combien de jours y a-t-il dans une semaine? 6. Quel est le premier jour de la semaine? 7. Arrivez-vous généralement à l'école avant ou après Jean? 8. Où habite Jean? 9. Habite-t-il près ou loin de chez vous? 10. Les fruits sont-ils bons pour la santé? 11. Mangez-vous beaucoup ou peu de fruits? 12. Quelles sortes de fruits pouvez-vous nommer? 13. Votre livre de français est-il gros ou petit? Est-il neuf** ou vieux? 14. Avez-vous une montre? Quelle heure est-il?

Mettez en pratique les expressions suivantes dans des phrases:

arriver à	à l'heure	passer les vacances
à la maison	à la fin de	très vite
hier soir	l'année dernière	partir de
être en retard de		

Mots nouveaux de la leçon: demi, prendre, le petit déjeuner, terminer, étudié, le français, les vacances (f), à l'heure, en retard, vite, vendre, fin, le cours, découvrir, le devoir, généralement, la montre, neuf, vieux, seul, vécu, reçu, complet, moment.

---

*Note: Period of time requires *de*: je suis en retard *de* dix minutes.
**Note: neuf — newly fabricated.

LEÇON 12

Hier, durant la classe de français, notre professeur, Monsieur Dupré, nous a enseigné les noms des mois de l'année.

"Aujourd'hui, je veux parler des mois de l'année. Comme vous le* savez, il est très important de bien les connaître. Il y a douze mois dans une année. Jean, comment s'appelle le premier mois?"

"Janvier."

"C'est exact. Et le deuxième mois?"

"Février."

"Henri, et le troisième mois?"

"Le troisième mois de l'année est mars."

"Et quel est le dernier mois de l'année?"

"Le dernier mois de l'année est décembre."

"Bien, les mois de l'année sont: janvier, février, mars, avril, mai, juin, juillet, août, septembre, octobre, novembre, décembre. Maintenant je vais poser quelques questions générales."

"Guillaume, quel mois vient après juillet?"

"Août vient après juillet, monsieur le professeur."

"Très bien, Guillaume. Et quel mois vient avant juillet?"

---

*le = it (masculine) direct object.

"Juin vient avant juillet."
"Fait-il chaud ou froid en juillet en France?"
"Il y fait chaud."
"C'est exact. Et quels sont les mois les plus froids de l'année?"
"Les mois les plus froids sont décembre, janvier, et février."
"Est-ce que décembre, janvier, et février sont des mois d'hiver ou des mois d'été?"
"Ce sont des mois d'hiver."
"Vous savez très bien votre leçon aujourd'hui."

1. Quel est le premier mois de l'année? 2. Quel est le deuxième mois? Le troisième mois? 3. Quel est le dernier mois de l'année? 4. Février est-il le premier ou le deuxième mois? 5. Décembre est-il le premier ou le dernier mois? 6. Mars vient-il avant ou après avril? 7. Est-ce qu'avril vient avant ou après mai? 8. Combien de mois y a-t-il dans une année? 9. Combien de jours y a-t-il dans un mois? 10. Combien de jours y a-t-il en février? En septembre? 11. Est-ce que juillet est un mois d'été ou d'hiver? 12. Février est-il un mois d'hiver ou un mois d'été?

B. EXERCICE ORAL

1. *Je me lève* à sept heures. A quelle heure *vous levez-vous* chaque matin? Mon frère *se lève* aussi à sept heures. Parfois, quand nous n'avons pas à aller à l'école *nous nous levons* plus tard. Mes parents *se lèvent* à six heures et demie.

Je *me lave* les mains avant de manger. Jean *s'habille* avant de partir. Hélène *se découvre* quand il fait chaud. Le professeur *se rase* tous les matins. *Nous nous couchons* à onze heures tous les soirs. Ils *s'asseoient* quand ils sont fatigués. Au Mexique, les gens *parlent* l'espagnol. *On parle* le portugais au Brésil. *On parle* français ou anglais au Canada.

1. A quelle heure vous levez-vous tous les matins? 2. Vous levez-vous à la même heure le samedi et le dimanche ou vous levez-vous plus tard? 3. A quelle heure votre père se lève-t-il? 4. A quelle heure votre frère s'est-il levé ce matin? 5. A quelle heure vos parents se lèvent-t-ils? 6. A quelle heure vous êtes-vous levé ce matin? 7. A quelle heure vos parents se sont-ils levés? 8. Vous lavez-vous les mains avant ou après** avoir mangé? 9. Vous lavez-vous la figure (le visage) avant ou après vous être levé? 10. Combien de fois par jour vous lavez-vous les mains? 11. Quelle langue parle-t-on aux Etats-Unis? 12. Quelle langue parle-t-on au Mexique? 13. Quelles langues parle-t-on dans ces pays: Cuba, la France, le Portugal, l'Espagne? 14. Parle-t-on espagnol ou portugais au Brésil?

C. REVISION

1. Comment vous appelez-vous? 2. Comment s'appelle votre ami? 3. Comment s'appelle votre professeur de français? 4. Est-ce que juillet est un mois d'hiver ou un mois d'été? 5. Juillet vient-il avant ou après juin? 6. Quel mois vient après juillet? 7. Est-ce qu'il fait chaud ou froid en janvier? 8. Êtes-vous arrivé à l'école à pied ou en métro? 9. Quels sont les jours de la semaine? 10. Quels sont les mois de l'année? 11. Combien de jours y a-t-il dans une semaine? 12. Combien de mois y a-t-il dans une année? 13. Combien de minutes y a-t-il dans une heure? 14. Combien de secondes y a-t-il dans une minute? 15. Où demeurez-vous? 16. Combien de sortes de fruits pouvez-vous nommer? 17. Est-ce que l'orange est un fruit sucré ou acide?

**après avoir mangé = after having eaten, past infinitive is used after preposition *après*.

Employez les expressions suivantes dans des phrases:

par exemple	plus tard	à quelle heure
poser des questions	plus tôt	avoir à
quelquefois		arriver à

Mots nouveaux de la leçon: le nom, important, connaître, correct, la question, général, chaud, l'été (m), se lever, la main, le père, tard, se laver, se découvrir, la figure, la minute, janvier, février, mars, avril, mai, juin, juillet, août, septembre, octobre, novembre, décembre.

LEÇON 13

UNE ANECDOTE

Le père de Pierre veut savoir quels progrès son fils fait en classe. Un jour il lui demande:

— Pierre, quel rang occupes-tu dans la classe?

— Le vingt-et-unième, répond Pierre.

— Et combien d'étudiants y a-t-il dans la classe?

— Vingt-et-un papa.

Quelques semaines s'écoulent. Pierre, qui est un mauvais étudiant et qui étudie très peu, apporte les notes de ses examens à la maison.

— Comment vont tes études maintenant? lui demande son père. Tes notes ne me paraissent pas très bonnes.

— Ça va beaucoup mieux, papa, répond Pierre.

— Quel rang occupes-tu maintenant?

— Le vingtième.

— C'est bien, alors tu as avancé un peu.

— Non papa, un des étudiants a quitté la classe. Sa famille vient de déménager dans une autre ville.

1. Qu'est-ce que le père de Pierre veut savoir? 2. Qu'est-ce qu'il demande à Pierre? 3. Quel rang Pierre occupe-t-il dans la classe? 4. Combien d'étudiants y a-t-il dans la classe? 5. Est-ce que Pierre est un bon étudiant ou un mauvais étudiant? 6. Etudie-t-il beaucoup ou peu? 7. Qu'est-ce que Pierre apporte chez-lui quelques semaines plus tard? 8. Les notes de Pierre sont-elles bonnes ou mauvaises? 9. Pierre

a-t-il de meilleures notes que le mois précédent? 10. Quel rang occupe-t-il maintenant dans la classe? 11. Pourquoi a-t-il avancé un peu? 12. Pourquoi un des étudiants a-t-il quitté l'école?

B. EXERCICE ORAL

Je cherche *Jean*. Je *le* cherche. Hier soir j'ai téléphoné (donné un coup de téléphone) à *Hélène*. Hier soir je *lui* ai téléphoné (donné un coup de téléphone). Il enseigne à *Roger et à Henri*. Il *leur* enseigne. Il enseigne aussi à *Hélène et Marie*. Il *leur* enseigne aussi. Il *m*'a écrit une lettre. Je *vous* ai écrit une lettre de France. Je *leur* ai envoyé une réponse d'Espagne.

J'aime bien le climat de l'Espagne. *Aimez-vous* le livre? Jean n'*aime pas* ces exercices-là. Marie *aime bien* aller au cinéma. Nous *aimons* bien parler français. *Aimez-vous* danser?

1. Qui vous enseigne le français? 2. Qui vous a écrit une lettre de France? 3. Combien d'examens le professeur vous donne-t-il chaque mois? 4. Aimez-vous les examens? 5. Les autres élèves aiment-ils les examens? 6. Qui vous aide à apprendre vos leçons? 7. Le professeur vous parle-t-il en français? 8. Où trouvez-vous les exercices de ce livre? 9. Comment* trouvez-vous la température aujourd'hui? 10. Gardez-vous vos livres à la fin de l'année ou les vendez-vous? 11. Si vous les vendez, où les vendez-vous? 12. Combien les vendez-vous? 13. Le professeur vous donne-t-il beaucoup ou peu de devoirs? 14. Qui vous explique les règles de grammaire? Le fait-il bien ou mal?

---

*Comment trouvez-vous, literally, how do you find? Idiomatic form: How do you like?

C. REVISION

1. Aimez-vous lire des anecdotes? 2. De quoi est-il question dans l'anecdote de cette leçon? 3. Faites-vous beaucoup ou peu de progrès en français? 4. Quels progrès fait votre ami Jean? 5. Généralement obtenez-vous des bonnes notes ou des mauvaises notes à vos examens? 6. En général, obtenez-vous des bonnes notes dans toutes les matières? 7. La grammaire française vous semble-t-elle facile ou difficile? 8. Laquelle vous semble la plus difficile, la grammaire française ou la grammaire anglaise? 9. Qu'est-ce qui vous semble le plus intéressant, lire ou parler français? 10. Laquelle trouvez-vous la plus jolie, Marie ou Hélène? 11. Lequel vous semble le plus grand, Pierre ou Jean? 12. Lequel vous semble le meilleur étudiant, Richard ou Henri? 13. Aimez-vous danser? 14. Quelle langue préférez-vous le français ou l'anglais?

1. A qui écrivez-vous des lettres? 2. De qui recevez-vous des lettres? 3. A qui avez-vous écrit une lettre hier? 4. De qui avez-vous reçu une carte hier? 5. Ecrivez-vous vos lettres avec un crayon ou avec une plume? 6. Dans quelle salle de classe étudiez-vous le français? 7. Dans quelle salle* êtes-vous en ce moment? 8. Combien de pièces y a-t-il dans votre maison? 9. Combien de langues votre professeur parle-t-il? 10. Les parle-t-il bien ou mal? 11. Combien font douze fois six? Huit fois cinq? Neuf fois sept? 12. Combien de jours y a-t-il dans une année? 13. Avez-vous une montre? 14. Quel est le mois de l'année que vous préférez? 15. Quel jour de la semaine préférez-vous? 16. Que faites-vous généralement le samedi soir? Que faites-vous le dimanche après-midi? 17.

---

*Room is translated by *salle* for a public room, by *chambre* for bed-room, by *pièce* for any room in a house.

Quels sont les jours de la semaine? 18. Quels sont les mois de l'année?

Employez les expressions suivantes dans des phrases:

vouloir savoir	(donner un coup de téléphone)	traiter de
faire des progrès	aller au cinéma	à la fin de
téléphoner	qui lui paraît	généralement

Mots nouveaux de la leçon: les progrès (m), poser une question, un peu, répondre, la note, l'examen (m), paraître, avancer, la famille, déménager, la ville, rencontrer, téléphoner, le climat, bien, aimer, danser, aider, la règle, la grammaire, depuis, traiter, l'anecdote (f), le film, la place, la chambre, la pièce.

LEÇON 14

DANIEL WEBSTER

Voici une anecdote concernant Daniel Webster, éminent Américain du dix-neuvième siècle.

Un jour Daniel Webster entra dans une pharmacie pour acheter un médicament:
— Je désire quelque chose contre le mal de tête dit-il au pharmacien. Il y avait par hasard une bouteille d'ammoniaque sur le comptoir. Le pharmacien lui fit respirer de l'ammoniaque. L'odeur très forte de l'ammoniaque causa un grand malaise à Webster. Il s'évanouit presque.

Webster était très en colère contre le pharmacien.

Mais cela ne soulage-t-il pas votre mal de tête? lui demanda le pharmacien.

— Mon mal de tête? répondit Webster — Je n'ai pas mal à la tête. C'est ma femme qui a un mal de tête.

1. De qui parle cette histoire? 2. Dans quel siècle vécut Daniel Webster? 3. Dans quel siècle vivons-nous? 4. Où Webster entra-t-il un jour? 5. Dans quel but Webster entra-t-il dans une pharmacie? 6. Qu'est-ce que Webster dit au pharmacien? 7. Qu'y avait-il sur le comptoir? 8. Qu'est-ce que le pharmacien a saisi? 9. Où la bouteille se trouvait-elle? 10. Quelle est l'odeur de l'ammoniaque? 11. Qu'est-il arrivé à Webster? 12. Qu'est-ce que le pharmacien lui a demandé? 13. Qu'est-ce que Webster a répondu au pharmacien?

B. EXERCICE ORAL

Il *lui* fait beaucoup de cadeaux. Elle *lui* fait aussi beaucoup de cadeaux. Je *vous* ai écrit hier. Je *leur* ai envoyé une lettre de Paris.

J'aime beaucoup* le climat de la Martinique. Il n'*aime* pas *beaucoup* nager. Nous *aimons bien* nous promener dans le parc le dimanche. Ils n'ont pas aimé la réunion d'hier soir. Aimez-vous lire en français?

Ce livre est à *moi,* il n'est pas à *voux.* Ceux-ci** sont pour lui. Je vais au cinéma avec *elle.* Jean ne veut pas aller au parc avec *nous.* Je ne veux pas parler avec *eux.* Hélène ne veut pas aller au cinéma avec *moi.* Elle dit qu'elle ira avec *toi.*

1. Le professeur vous parle-t-il en français ou en anglais? 2. Le professeur leur parle-t-il en français ou en anglais? 3. Que préfère-t-elle: nager ou danser? 4. Que préférez-vous: nager ou danser? 5. Cette lettre est-elle pour lui ou pour elle. 6. Où Jean est-il assis, devant nous ou derrière nous? 7. Pourquoi avez-vous dit que Jean n'est pas allé au cinéma hier soir? 8. Ces lettres sont-elles pour nous ou pour eux? 9. Pourquoi ne voulez-vous pas venir au cinéma avec moi ce soir? 10. Avec qui est-il allé au cinéma hier soir, avec elle ou avec toi?

C. REVISION

1. Dans quel siècle vécut Daniel Webster? 2. Dans quel siècle vécut Georges Washington? Abraham Lincoln? 3. Vivons-nous au dix-neuvième siècle ou au vingtième siècle? 4. Quelles sont les différentes choses qu'on peut acheter dans une pharmacie? 5. Avez-vous quelquefois mal à la tête? 6. Quel médicament prenez-vous quand vous avez mal à la tête? 7. Aimez-vous prendre des médicaments? 8. Est-ce agréable ou désagréable d'avoir mal à la tête? 9. Est-ce agréable ou désa-

---

*aimer beaucoup — to like very much; aimer bien — to like.
**ceux-ci — these, demonstrative pronoun (masculine plural).

gréable de s'évanouir? 10. Que doit-on faire quand une personne s'évanouit? 11. Est-ce que l'ammoniaque a une odeur agréable? 12. L'ammoniaque soulage-t-elle le mal de tête? 13. Aimez-vous l'odeur de l'ammoniaque? 14. A quoi sert généralement l'ammoniaque?

1. Dînez-vous toujours chez vous ou dînez-vous quelquefois au restaurant? 2. Dans quel restaurant dînez-vous? 3. Qu'est-ce que vous préférez, dîner chez vous ou au restaurant? 4. Combien de jours par semaine devez-vous aller à l'école? 5. Que faites-vous quand vous avez soif? 6. Que faites-vous quand vous avez faim? 7. Qu'est-ce que vous faites quand vous avez mal à la tête? 8. Que faites-vous quand vous avez froid? Quand vous avez chaud? 9. Faites-vous attention en classe? 10. Les autres étudiants font-ils attention en classe? 11. A qui sont ces livres? 12. A qui est ce livre? 13. Ces chaises sont-elles blanches ou brunes? 14. Est-ce que ces hommes-là sont les amis de Jean ou d'Edouard? 15. Combien avez-vous payé ce livre? 16. Combien Jean a-t-il payé son nouveau complet? 17. Combien avez-vous payé vos gants? 18. Où les avez-vous achetés?

Employez les expressions suivantes dans des phrases:

près de	pour	que se passe-t-il?
une fois	expliquer à	généralement
entrer dans	par hasard	il est arrivé que

Mots nouveaux de la leçon: près de, éminent, le siècle, la pharmacie, le médicament, mal de tête, par hasard, le comptoir, la bouteille, l'ammoniaque (f), le pharmacien, saisir, mettre, ensemble, la narine, l'odeur (f), forte, causer, malaise, se mettre, en colère, soulager, nager, parc, étrange, immédiatement, l'attention (f), complet, s'évanouir.

LEÇON 15

AU RESTAURANT

Le garçon: — Monsieur désire?

Jean: — Donnez-moi le menu s'il vous plaît.

— Le voici, je vais apporter le couvert tout de suite.

— Mais tout est ici, n'est-ce pas?

— Non Monsieur. Il manque une grande cuillère et une petite cuillère.

— Je vais regarder le menu.

— Le poisson est très bon aujourd'hui.

— Je n'aime pas le poisson. De plus, j'ai très peu d'appétit aujourd'hui. Quelles sortes de soupes avez-vous?

— Nous avons de la soupe au poulet et de la soupe aux légumes.

— Je vais prendre de la soupe au poulet. Quelles sortes de sandwichs avez-vous?

— Nous avons toutes sortes de sandwichs — au jambon, au poulet, aux tomates.

— Je vous prie de m'apporter un sandwich aux tomates avec laitue.

— Très bien.
  (cinq minutes plus tard)

— Garçon, l'assiette que vous venez de m'apporter est mouillée.

— C'est votre soupe, Monsieur.

1. Quelle est la première chose que le garçon dit à Jean? 2. Qu'est-ce que Jean veut voir? 3. Qu'est-ce qui manque sur la table? 4. Quelle est la différence entre une grande cuillère et une petite cuillère? 5. Laquelle est la plus grande, la cuillère à soupe ou la cuillère à thé? Jean a-t-il beaucoup d'appétit aujourd'hui? 7. Jean aime-t-il le poisson? 8. Quelle sorte de soupe commande-t-il? 9. Quelles sortes de sandwichs y a-t-il aujourd'hui? 10. Quelle sorte de sandwich Jean commande-t-il? 11. Comment dit-on "please" en français? 12. Qu'est-ce que le garçon apporte à Jean? 13. Qu'est-ce que Jean dit de l'assiette que le garçon vient de lui apporter? 14. Comment traduit-on en anglais: "vient d'apporter?" 15. Qu'est-ce que le garçon répond à Jean?

B. EXERCICE ORAL

a) Il nous a donné l'argent. Il *nous l'*a donné. Jean m'a écrit une lettre de France. Jean me *l'*a écrite de France. Marie m'a envoyé les livres hier. Marie me *les* a envoyés hier.

Je *lui* ai écrit la lettre de Paris. Je *la lui* ai écrite de Paris. Henri *lui* a donné l'argent (*à elle*). Henri *le lui* a donné (à elle). Le maître *leur* explique très bien les règles. Le maître *les leur* explique très bien.

b) Hier j'*ai vu* Jean dans le parc. Il ne m'*a* pas *vu*. Nous *avons vu* un bon film hier soir. Ils *ont vu* Hélène dans le parc.

J'*ai donné* le stylo à Jean. Il m'*a fait* un beau cadeau. Nous *avons parlé* avec Richard dans la rue. Il m'*ont communiqué* les dernières nouvelles. Il lui *a apporté* beaucoup de choses de France. Nous *avons emmené* quelques amis à la réunion. Ils ont apporté des revues de France.

1. Quel film avez-vous vu au cinéma hier soir? 2. Qui avez-vous emmené à la réunion hier? 3. A qui avez-vous vendu vos livres à la fin de l'année dernière? 4. Les avez-vous vendus à Jean ou à une autre personne? 5. Combien les avez-vous vendus? 6. Le facteur vous a-t-il apporté plusieurs lettres hier? 7. Vous les a-t-il apportées le matin ou l'après-midi? 8. Vous les apporte-t-il tous les jours? 9. Ceci n'est pas votre livre. Qui vous l'a donné? 10. Marie a de très jolies fleurs. Savez-vous qui les lui a données?

C. REVISION

1. Quelles sont les deux personnes qui prennent part au dialogue de cette leçon? 2. Où le dialogue a-t-il lieu? 3. Quelle est la différence entre un garçon et une serveuse? 4. Aimez-vous les sandwichs? 5. Quel est votre sandwich favori? 6. La tomate, est-elle un fruit ou un légume? 7. De quelle couleur sont les tomates? 8. Aimez-vous la laitue? 9. Qui vous a écrit une lettre de Paris? Quand vous l'a-t-on*

---

*on = one, someone, indefinite pronoun.

écrite? 10. Qui vous a apporté une revue de France? 11. Qui vous a donné ce stylo? 12. Qui m'a envoyé ce paquet? Qui vous l'a envoyé?

1. Les bananes sont-elles sucrées ou acides? 2. Les oranges sont-elles sucrées ou acides? 3. Comment s'appelle l'arbre sur lequel les pommes poussent? 4. Comment s'appelle l'arbre sur lequel les poires poussent? 5. De quelle couleur sont les pommes? 6. Mangez-vous beaucoup ou peu de fruits? 7. Quel journal lisez-vous tous les jours? 8. Quel journal avez-vous lu ce matin? 9. A quelle heure vous levez-vous tous les jours? 10. A quelle heure vous êtes-vous levé ce matin? 11. Votre livre de français est-il neuf ou vieux? 12. Êtes-vous grand ou petit? 13. Arrivez-vous à l'école avant ou après Jean? 14. Comment venez-vous à l'école, à pied ou en autobus? 15. A quelle heure arrivez-vous à l'école tous les matins? 16. Comment saluez-vous le professeur en entrant dans la classe?

Employez les expressions suivantes dans des phrases:

s'il vous plaît	la différence entre	parler avec
tout de suite	comment dit-on	demain matin
quelque chose manque	comment se traduit	demain soir

Mots nouveaux de la leçon: la faveur, tout de suite, couvert, manquer, la cuillère à soupe, le poisson, de plus, l'appétit (m), la soupe, le poulet, le légume, le sandwich, le jambon, la tomate, la laitue, venir de, mouillé, le garçon, traduire, distribuer, le dialogue, la partie, lieu, le paquet, la fleur, le menu.

LEÇON 16

UNE FABLE D'ÉSOPE

Parmi les nombreuses fables d'Ésope, il y en a une qui relate l'histoire de deux grenouilles. L'anecdote nous enseigne que nous devons toujours être très modestes. La vanité peut quelquefois être la cause de notre perte.

Un jour, une grenouille dit à sa mère: "ce matin j'ai vu un très gros animal, il était beaucoup plus gros que vous." — "C'est le cheval du laboureur Dupré," répondit sa mère. "Il n'est pas très gros, je peux aisément devenir aussi grosse que lui."

Alors la grenouille commença à se gonfler — "Suis-je assez grosse?" — demanda-t-elle. "Non, pas encore," dit la jeune grenouille. La grenouille se gonfla et se gonfla encore — "Suis-je assez grosse?" demanda-t-elle de nouveau. — "Vous êtes beaucoup plus grosse qu'avant." La vieille grenouille continua de se gonfler.

— "Je suis certaine, dit-elle finalement, que vous n'êtes pas aussi grosse que lui" et à ce moment même, la vieille grenouille éclata.

1. De quels animaux parle cette fable? 2. Que nous enseigne l'anecdote? 3. Aimez-vous les fables d'Esope? 4. Que dit la jeune grenouille à sa mère? Que répond la mère? 5. Une grenouille est-elle aussi grosse qu'un cheval? 6. La

vieille grenouille dit-elle qu'il est facile ou difficile de se faire aussi grosse que le cheval du laboureur Dupré? 7. Qu'a commencé à faire la vieille grenouille? 8. Qu'a-t-elle demandé? 9. Qu'est-ce qui est finalement arrivé à la vieille grenouille?

B. EXERCICE ORAL

a) Jean veut *apprendre* le français. Il aime *parler* français. Ils doivent *étudier* davantage.

Marie apprend *à nager*. Il nous enseigne la danse. Nous tâchons d'*arriver* à l'heure.

b) Je *vais étudier* l'espagnol l'année prochaine. Ils *vont aller* en France le mois prochain. Nous *allons passer* nos vacances en France. Jean *va faire* un voyage en Italie.

1. Pourquoi ne voulez-vous pas aller au cinéma? 2. Combien d'heures devez-vous étudier chaque soir? 3. Est-ce que vous pouvez parler l'espagnol? 4. D'après l'anecdote de cette leçon, est-ce qu'une grenouille peut se faire aussi grosse qu'un cheval? 5. Qui parle mieux le français, Henri ou Richard? 6. Que devez-vous faire ce soir? 7. Où allez-vous passer vos vacances l'été prochain? 8. Où Jean va-t-il passer ses vacances? 9. Après avoir appris le français quelle langue allez-vous étudier? 10. A quelle heure allez-vous dîner ce soir? 11. Où allez-vous dîner, chez vous ou au restaurant? 12. A quelle heure allez-vous quitter l'école aujourd'hui?

C. REVISION

1. Le cheval est-il un animal domestique ou une bête sauvage? 2. A quoi servent les chevaux? 3. Est-ce que le cheval est un gros animal ou un petit animal? 4. Est-ce que le cheval est un animal fort ou un animal faible? 5. Lequel est le plus gros, un cheval ou une grenouille? 6. Est-il possible ou impossible pour une grenouille de se faire aussi grosse

qu'un cheval? 7. Aimez-vous les personnes modestes? 8. Lesquelles préférez-vous, les personnes modestes ou les personnes vaniteuses? 9. Etes-vous une personne modeste ou vaniteuse? 10. Dans la fable de cette leçon quelle était la cause de la perte de la vieille grenouille? 11. Jean est-il jeune ou vieux? 12. Hélène est-elle vieille ou jeune? 13. Que signifie le mot *éclater*? 14. Comment traduit-on se gonfler en anglais?

1. Quel est votre pays d'origine? 2. De quelle nationalité est votre professeur de français? 3. Dans quels pays parle-t-on français? 4. Quelle langue parle-t-on au Portugal? Au Mexique? En Italie? 5. Où avez-vous passé vos vacances l'été dernier? 6. Où allez-vous passer vos vacances l'été prochain? 7. Où êtes-vous allé hier soir avec Jean? 8. Où Hélène et Rachelle sont-elles allées hier soir? 9. Quel film avez-vous vu samedi soir? 10. Aimez-vous aller au cinéma? 11. Combien de fois par semaine allez-vous au cinéma? 12. Le professeur vous parle-t-il en français ou en anglais? 13. Le professeur vous donne-t-il beaucoup ou peu de devoirs à faire? 14. Vendez-vous vos livres à la fin de l'année ou les gardez-vous? 15. Si vous les vendez, combien les vendez-vous? 16. A qui les vendez-vous?

Employez les expressions suivantes dans des phrases:

de plus en plus	la semaine prochaine	l'année dernière
traîter de	d'autre part	l'année prochaine
faire un voyage	aussi grosse que	le mois prochain
au sujet de		

Mots nouveaux de la leçon: la grenouille, devoir, modeste, la vanité, vaniteux, la cause, la perte, la mère, l'animal (m), grand, le cheval, commencer, se gonfler, ainsi, sur, finalement, éclater, le laboureur, d'après, domestique, sauvage, faible, possible, impossible, jeune.

LEÇON 17

LES NOMBRES ORDINAUX

    Monsieur Dupré dit qu'il va nous enseigner aujourd'hui les nombres ordinaux.

Le professeur: — Les nombres ordinaux ne sont pas difficiles à apprendre, dit-il. Nous savons déjà les mots: premier, deuxième et troisième, parce que nous les avons appris dans les leçons précédentes. Maintenant, quel est le nombre ordinal qui correspond au nombre cardinal quatre?

Jean: — Quatrième.

Le professeur: — Très bien, Jean, quel est le nombre ordinal qui correspond au nombre cardinal cinq?

L'élève: — Cinquième.

Le professeur: — El quel est le nombre ordinal qui correspond au nombre cardinal six?

L'élève: — Sixième.

Le professeur: — El quels sont ceux qui correspondent à sept, huit, neuf et dix?

L'élève: — Septième, huitième, neuvième et dixième.

Le professeur: — Très bien.

L'élève: — Se sert-on beaucoup des nombres ordinaux en français, monsieur le professeur?

Le professeur: — Oui, on s'en sert beaucoup. Mais je crois qu'on s'en sert plus en français qu'en anglais.

En français on dit: "Je vais au *septième* étage." "Je marche dans la *cinquième* avenue." "Mai est le *cinquième* mois de l'année." Mais, d'autre part, on dit aussi: "Aujourd'hui c'est le *douze*." "Nous allons étudier la leçon *dix-huit*." "Ils habitent au numéro *dix*."

L'élève: — Les rues en France portent-elles des numéros ou des noms?

Le professeur: — Les rues ont toujours des noms. Elles n'ont jamais de numéros.

1. Qu'est-ce que le professeur va nous enseigner aujourd'hui? 2. Est-il facile ou difficile d'apprendre les nombres ordinaux? 3. Lesquels sont les plus faciles à apprendre, les nombres ordinaux ou les nombres cardinaux? 4. Quand avons-nous appris les mots *premier, deuxième,* et *troisième*? 5. Quel est le nombre ordinal qui correspond au nombre cardinal *quatre*? 6. Quel est le nombre ordinal qui correspond au nombre cardinal *cinq*? 7. Quel est le nombre ordinal qui correspond au nombre cardinal *six*? 8. Quels sont les nombres ordinaux qui correspondent aux nombres cardinaux *sept, huit, neuf* et *dix*? 9. Se sert-on plus souvent des nombres ordinaux en français qu'en anglais? 10. Se sert-on beaucoup des nombres ordinaux en français? 11. Les rues en France portent-elles des noms ou des numéros? 12. Les rues des villes en Amérique portent-elles des noms ou des numéros?

B. EXERCICE ORAL

a) Je mets mes gants *avant de sortir*. Je suis *fatigué d'étudier* la grammaire. *En arrivant chez elle* Marie s'est deshabillée. *Après le dîner,* je parle toujours un peu avec mon père.

b) Il va m'envoyer la lettre, il va *me l'envoyer*. Je dois lui donner l'argent. Je dois *le lui donner*. Je suis fatigué de lui dire cela. Je suis fatigué de *le lui dire*. Ils n'ont pas voulu nous donner le paquet. Ils n'ont pas voulu *nous le donner*. Ils vont m'apporter les livres demain. Ils vont *me les apporter* demain.

c) J'ai fait beaucoup de travail hier. Qu'*avez-vous fait* hier soir? *Nous avons fait* beaucoup de choses intéressantes hier. Ils n'*ont pas* bien *fait* leurs exercices. Je ne lui *ai* rien *dit*. Qu'a-t-il dit? Nous lui *avons dit* la vérité. Ils ne nous *ont* rien *dit*.

J'*ai voulu* aller au cinéma hier soir. Il n'*a* pas *voulu* venir avec nous. Nous *avons voulu* le faire hier. Ils *ont voulu* faire un voyage en France.

Je *suis arrivé* en métro, comment êtes-vous *venu* à l'école ce matin? Hier nous *sommes venus* à pied. Ils *sont venus* à la réunion ensemble.

1. Si ce stylo est à Jean, pourquoi ne voulez-vous pas le lui donner? 2. Si cette anecdote est intéressante, pourquoi ne voulez-vous pas me la raconter? 3. Si vous savez le nom de ce garçon, pourquoi ne voulez-vous pas me le dire? 4. Mettez-vous votre chapeau avant de sortir ou après être sorti? 5. Pourquoi Jean dit-il qu'il est fatigué d'étudier le français? 6. Qui avez-vous rencontré dans la rue ce matin en sortant de chez vous? 7. Vous lavez-vous les mains avant de manger ou après avoir mangé? 8. Pourquoi n'avez-vous pas voulu aller au cinéma hier soir? 9. Pourquoi Jean n'a-t-il pas voulu y aller? 10. Faites-vous beaucoup ou peu de travail chez vous le soir? 11. Qu'est-ce qu'Hélène et Rachelle ont fait hier soir?

12. Etes-vous allé à l'école à pied ou en métro ce matin? 13. Comment Edouard s'est-il rendu chez lui? 14. Comment les autres étudiants sont-ils venus?

C. REVISION

1. Quels sont les nombres cardinaux de un à dix? 2. Quels sont les nombres ordinaux de *un à dix*? 3. Quel est le premier mois de l'année? le deuxième mois? le septième? 4. A quel étage habite Jean, au troisième ou au quatrième? 5. A quel étage habitez-vous? 6. A quel étage de l'école prenez-vous vos leçons de français? 7. Combien d'étages y a-t-il dans l'édifice? 8. Laquelle est la plus difficile à trouver, une rue avec un nom ou une rue avec un numéro? 9. Qui vous a enseigné la grammaire? 10. Qui dit qu'il va vous enseigner les nombres ordinaux? Quand va-t-il vous les enseigner?

1. Est-ce que le mois d'août est un mois d'été ou un mois d'hiver? 2. Combien de mois y a-t-il dans une année 3. Combien d'années y a-t-il dans un siècle? 4. Dans quel siècle a vécu Georges Washington? 5. Dans quel siècle vivons-nous? 6. Aimez-vous vous lever de bonne heure le matin? 7. A quelle heure vous êtes-vous levé ce matin? 8. A quelle heure avez-vous pris votre petit déjeuner? 9. A quelle heure êtes-vous parti de chez vous? 10. A quelle heure êtes-vous arrivé à l'école? 11. Êtes-vous allé à l'école seul ou avec un ami? 12. Combien de temps avez-vous mis pour arriver à l'école? 13. Etes-vous arrivé à l'heure ou en retard? 14. Le professeur se fâche-t-il si les étudiants arrivent en retard à l'école? 15. Que devez-vous faire si vous arrivez en retard à l'école?

Employez les expressions suivantes dans des phrases:

difficile à faire	plus fréquemment	fatigué de
facile à faire	d'autre part	en partant de
correspondre à	au lieu de	tarder à

Mots nouveaux de la leçon: numéro, ordinal, cardinal, précédent, correspondre, sixième, septième, huitième, neuvième, dixième, plus fréquemment, l'étage (m), la ville, l'Amérique, au lieu de, parce que, raconter, l'édifice (m), se fâcher.

LEÇON 18

LE GARÇON ET LES POMMES

Un jeune garçon était dans la classe de huitième. C'était un bon élève. Il aimait surtout l'arithmétique. Il pouvait résoudre facilement tous les problèmes que contenait son livre d'arithmétique. Un jour, il passa dans une rue où il y avait une fruiterie "Des pommes — six pour cinq sous." Le garçon regarda un instant la réclame — alors il fit mentalement quelques calculs. Il entra dans la boutique et demanda:

— Monsieur, combien valent les pommes?

— Six pour cinq sous — répondit le marchand.

— Mais je ne veux pas six pommes.

— Combien en voulez-vous?

— Il ne s'agit pas* du nombre que je veux, c'est seulement un problème d'arithmétique que je pose.

---

*Il ne s'agit pas = literally it is not a question of.

— Un problème d'arithmétique?

— Oui, Monsieur. Si six pommes valent cinq sous, cinq pommes valent quatre sous, quatre valent trois sous, deux valent un sou, et une . . . rien. Monsieur je veux une pomme c'est tout. Merci beaucoup et au revoir.

Le garçon prit une belle pomme et sortit de la boutique.

1. D'après l'histoire, dans quelle classe était le garçon? 2. Etait-ce un bon ou un mauvais élève? 3. Quel matière aimait-il particulièrement? 4. Que pouvait-il résoudre facilement? 5. Par où passa-t-il un jour? 6. Quelle réclame y avait-il dans la vitrine? 7. Que fit le garçon après avoir regardé l'annonce? 8. Quelle question posa-t-il au marchand? 9. D'après le marchand combien valent six pommes? 10. D'après le garçon combien valent cinq pommes? 11. D'après le garçon combien valent quatre pommes? Combien valent trois pommes? Deux pommes? Combien vaut une pomme? 12. Que prit le garçon? 13. D'où sortit-il? 14. Pourquoi le marchand ne pouvait-il rien dire?

B. EXERCICE ORAL

Hier soir j'*ai passé* deux heures chez Jean. Vous n'*étiez pas* en classe hier. Nous *avons passé* deux semaines à Paris. Nous *avons été* chez nous toute la journée.

Je n'*ai pas pu* communiquer avec lui. Jean n'*a pas pu* venir avec nous. Nous n'*avons pas pu* attendre davantage. Ils *ont pu* le faire facilement.

Je n'*ai pas eu* le temps. Il n'*a pas eu* d'argent. Nous *avons dû* attendre deux heures. Ils *ont eu* beaucoup de choses à faire.

Je l'*ai mis* sur la table. Il *a mis* le crayon sur la table. Nous *avons mis* nos manteaux. J'*ai* enfin *su* son nom. Il n'*a* rien *su* à ce sujet. Ils *ont appris* la nouvelle hier soir. Il *a cueilli* des pommes dans le jardin de son oncle.

1. Où êtes-vous allé hier soir? 2. Qui est allé au cinéma avec vous? 3. Où Jeanne et Madeleine sont-elles allées hier soir? 4. Pourquoi ne sont-elles pas allées à la réunion? 5. A quelle heure avez vous dû vous lever ce matin? 6. A quelle heure avez-vous dû arriver à l'école? 7. Quand avez-vous appris la nouvelle de l'accident de Monsieur Dupré? 8. Pourquoi le professeur s'est-il fâché quand Jean est arrivé en retard en classe? 9. Pourquoi Antoine et son frère n'ont-ils pas pu venir à l'école ce matin? 10. Jusqu'à quelle heure êtes-vous resté chez votre ami hier soir? 11. Vous êtes-vous promené longtemps ou peu de temps dans le parc hier? 12. Combien de temps Jeanne a-t-elle été malade le mois dernier?

C. REVISION

1. Quelles matières aimez-vous le mieux? 2. Quelle matière étudiez-vous en ce moment? 3. Aimez-vous l'arithmétique? 4. L'arithmétique est-elle facile ou difficile pour vous? 5. Aimez-vous regarder les vitrines des magasins? 6. Est-ce que les vitrines de la cinquième avenue sont belles? 7. En quelle saison de l'année les vitrines sont-elles les plus belles? 8. Combien valent généralement six pommes? 9. Combien vaut votre livre de français? 10. Combien vaut une bonne paire de souliers? Une bonne paire de gants?

1. Où peut-on acheter des journaux? 2. Où peut-on acheter des gants? 3. Où peut-on acheter des souliers d'hommes? 4. Emploie-t-on beaucoup les nombres ordinaux en français? 5. Quelles langues parle-t-on dans les pays suivants: le Canada, Le Brésil, l'Argentine? 6. Peut-on apprendre à bien parler le français en un an? 7. Peut-on acheter des journaux le

dimanche? 8. Qu'allez-vous faire ce soir? 9. Qu'allez-vous faire demain soir? 10. A quelle heure allez-vous vous lever demain matin? 11. A quelle heure prenez-vous le petit déjeuner tous les jours? 12. A quelle heure allez-vous prendre le petit déjeuner demain? 13. Combien d'années Monsieur Dupré a-t-il vécu en France? 14. Quand est-il venu à New York? 15. Combien de temps avez-vous été à Paris l'année dernière? 16. Quand y êtes vous allé la dernière fois?

Employez les expressions suivantes dans des phrases:

particulièrement	poser des questions	communiquer avec
passer par	d'après lui	beaucoup à faire
entrer dans	toute la journée	finalement

Mots nouveaux de la leçon: la note, particulièrement, l'arithmétique (f), le problème, la fruiterie, la vitrine, la réclame, regarder, le calcul, mental, la boutique, valoir, au revoir, saisir, surpris, combien, sujet, le manteau, timbres, saison, le soulier, réflexion, communiquer, lettre, le marchand, résoudre, la matière, la paire.

LEÇON 19

RÉVISION — ANTONYMES

facile — difficile	chaud — froid
haut — bas	avant — après
grand — petit	entrer — sortir
clair — obscur (sombre)	venir — partir
plus — moins	premier — dernier
près — loin	de bonne heure — tard
neuf — vieux	tout le monde — personne
nouveau — vieux	sucré — aigre (acide)
toujours — jamais	vert — mûr
devant — derrière	commencer — terminer
au-dessous de — au-dessus de	été — hiver
sale — propre	demander — répondre
appliqué — paresseux	se lever — se coucher
quelque chose — rien	perdre — trouver
acheter — vendre	fort — faible
ouvrir — fermer	humide — sec
agréable — désagréable	possible — impossible
joli — laid	

Certains exercices de ce livre sont faciles, d'autres sont difficiles. Quelquefois les exercices grammaticaux sont difficiles mais Jean les préfère aux autres. D'autre part, Guillaume dit que les exercices grammaticaux sont les plus difficiles du livre et qu'il trouve faciles les exercices de conversation.

Maintenant, nous ouvrons nos livres à la leçon d'aujourd'hui. Puis nous fermons nos livres et nous écrivons un exercice de grammaire.

Jean a perdu son livre hier et il l'a cherché partout, mais il n'a pu le trouver nulle part. Savez-vous où se vendent ces livres? Guillaume a acheté son livre dans une boutique de la Cinquième Avenue.

Je me lève à huit heures, je me couche à onze heures. Je prends mon petit déjeuner à huit heures. Faites-vous le ménage de votre chambre? Les fruits verts sont acides. Les fruits mûrs sont sucrés. En hiver, le ciel est souvent gris et sombre. En été, il est presque toujours clair et bleu.

Le contraire d'*humide* est *sec*. Le contraire de *commencer* est *terminer* (finir). Quel est le contraire d'*appliqué?* de *haut?* de *mûr?*

1. Votre professeur de français est-il grand ou petit? 2. Habitez-vous près ou loin de l'école? 3. Votre stylo est-il neuf ou vieux? 4. Jean s'ennuie-t-il à l'école? 5. Est-ce que Marie est une élève appliquée ou paresseuse? 6. Qui a ouvert la fenêtre? Que l'a fermée? 7. Les tableaux qui sont accrochés aux murs de votre salle de classe sont-ils jolis ou laids? 8. Quel est le premier mois de l'année? Quel est le dernier? 9. Employez-vous un stylo pour écrire? 10. Le bâtiment dans lequel vous étudiez, est-il grand ou petit? 11. Edmond est-il fort ou faible? 12. Votre maison est-elle confortable? Est-elle grande? 13. Est-ce que Monsieur Dupré est un jeune homme ou un vieillard?

B. EXERCICE ORAL

Je *nettoie* les carreaux des fenêtres. Vous *nettoyez* votre pupître. Jean *nettoie* la table avant de partir.

J'*espère* passer mes vacances en France. Nous *espérons* passer une heure de plus chaque jour à étudier le français. *Espérez*-le donc.

Elles *mènent* une vie agréable chez leur tante à Paris. Nous *menons* toujours le cheval à l'écurie le soir. Ils ont *mené* l'enfant chez le médecin car il a un rhume de cerveau.

Le concierge *balaie* les salles de classe tous les samedis. *Balayez*-vous souvent les pièces de votre maison?

En général, je *m'ennuie* au cinéma si le film est long. Ne *s'ennuient-ils* pas quand la leçon est longue? Jean *s'ennuie* quand il doit rester chez lui.

Avez-vous *payé* votre déjeuner aujourd'hui? Je *paie* (je paye) dès que j'ai mangé. Nous *payons* notre loyer tous les mois.

1. A quelle heure prenez-vous votre déjeuner? 2. A quelle heure l'avez-vous pris hier? 3. Quand faites-vous le ménage de votre chambre? 4. A quelle heure vous êtes-vous levé hier matin? 5. A quelle heure vous levez-vous tous les matins? 6. A quelle heure vos parents se lèvent-ils? 7. Vous ennuyez-vous à l'école? 8. Faites-vous le ménage de votre chambre tous les jours? 9. Employez-vous un crayon ou un stylo pour écrire? 10. Achetez-vous beaucoup de livres ou peu de livres pendant l'année scolaire? 11. Espérez-vous aller bientôt en France? Quand espérez-vous y aller? 12. Quand payez-vous votre loyer? 13. Où vous ennuyez-vous le plus?

C. REVISION

1. Quel est le contraire de *bas?* 2. Quel est le contraire de *propre, paresseux, après, laid, faible?* 3. Quelle est la différence entre *dormir* et *s'endormir?* 4. Tardez-vous souvent à vous *endormir* après vous être couché? 5. A quelle heure ferme-t-on les magasins dans votre ville? 6. A quelle heure les ouvre-t-on? 7. *Mangez-vous* chez vous ou au restaurant?

8. Quel jour faites-vous le ménage de votre chambre? 9. Quelle est le substantif du verbe *balayer?* du verbe *déjeuner?* 10. *Espérez-vous* déjeuner avec des amis demain? 11. *Achetez-vous* des petits pains pour le déjeuner?

1. Où êtes-vous allé hier? 2. Où Richard et Alphonse sont-ils allés? 3. Qu'avez-vous fait hier soir? 4. A quel cinéma êtes-vous allé hier soir? 5. Quel film avez-vous vu? 6. Combien de semaines Marie a-t-elle passées à l'hôpital? 7. Qui vous a donné cette belle bague? Vous l'a-t-on donnée? 8. Pourquoi n'avez-vous pas pu venir en classe hier? 9. Pourquoi Edmond et son frère n'ont-ils pas pu y aller? 10. Qui vous a écrit une lettre en français? Quand vous l'a-t-on écrite? 11. De quel pays vient Monsieur Dupré? 12. Quand est-il arrivé dans ce pays? 13. Depuis combien d'années est-il ici? 14. Où avez-vous si bien appris à parler français? 15. Quelles autres langues parlez-vous en plus de l'anglais et du français?

Employez les expressions suivantes dans des phrases:

tout de suite	ce que	hier soir
à quelle heure?	le contraire	difficile
penser à	penser faire	

Mots nouveaux de la leçon: jamais, haut, manger, payer, employer, se lever, nettoyer, balayer, s'ennuyer, espérer, acheter, mener, écrire, le rhume de cerveau, le loyer, le parfum, le dentiste, les carreaux (m), en plus de, la bague, le substantif, l'hôpital (m), s'endormir, se coucher.

LEÇON 20

LES SAISONS DE L'ANNÉE

Le professeur : — Aujourd'hui, je désire parler des saisons de l'année. Qui peut me nommer en français les quatre saisons de l'année?

L'Etudiant : — Le printemps, l'été, l'automne, l'hiver.

— Et quand commence le printemps?

— Le printemps commence le 21 mars et se termine le 21 juin.

— Et l'été?

— L'été commence le 21 juin et se termine le 21 septembre.

— C'est bien, Edouard, quelle saison de l'année aimez-vous le mieux?

— Je préfère l'été. Il n'y a pas de classes et il fait presque toujours beau temps.

— Mais quelquefois il fait très chaud en été.

— Cela m'est égal. Je peux aller me baigner à la plage et m'asseoir à l'ombre d'un arbre.

— Pierre, quelle saison de l'année préférez-vous? Préférez-vous aussi l'été?

— J'aime bien le fait qu'il n'y a pas de classes, mais je crois que je préfère l'hiver.

— Pourquoi? Il fait très froid en hiver.

— C'est vrai! Mais j'adore la neige. Je me porte mieux en hiver.

— Qui préfère le printemps?

— Moi, j'aime beaucoup le printemps. Il pleut très souvent, mais il fait beaucoup de soleil. Les fleurs sont écloses et les oiseaux chantent.

— Vous avez raison.

1. Quelles sont les quatre saisons de l'année? 2. Quand commence le printemps? 3. Quand se termine le printemps? 4. Quand commence l'été? 5. Quand commence l'automne? 6. L'été vient-il avant ou après l'automne? 7. L'hiver vient-il avant ou après le printemps? 8. Quelle saison de l'année aimez-vous le mieux? 9. En quelle saison pleut-il beaucoup? 10. En quelle saison fait-il très chaud? 11. En quelle saison fait-il très froid? 12. En quelle saison de l'année les fleurs éclosent-elles?

B. EXERCICE ORAL

Je mène mon chien au parc aujourd'hui. Marie mène aussi son chien au parc. Jean nous appelle. Il dit: pourquoi n'êtes-vous pas allés à la réunion. J'aime gagner quand je joue au tennis.

Je préfère le printemps. Marie préfère l'été. Ils préfèrent revenir très tard.

Il m'achète beaucoup de cadeaux. Voulez-vous lui en acheter? Je lui en achèterai demain.

1. Que désirez-vous faire aujourd'hui? 2. Qui règne en Angleterre de nos jours? 3. La reine Elisabeth règne-t-elle en France? 4. Pourquoi donne-t-il son pardessus à l'homme pauvre? 5. Dans quel magasin Marie achète-t-elle ses robes? 6. Pourquoi jettent-ils leurs vieux vêtements? 7. Combien d'argent avez-vous donné au pauvre? 8. Où avez-vous mené votre chien hier? 9. Comment votre sœur s'appelle-t-elle? 10. Elle s'appelle Yvonne. 11. Les étudiants préfèrent-ils la leçon de français ou la leçon d'anglais? 12. Quand le professeur fait-il l'appel des élèves?

C. REVISION

1. Est-ce que l'hiver aux Etats-Unis est une saison froide ou chaude? 2. Est-ce que l'hiver en France est une saison froide ou chaude? 3. Quelle saison préférez-vous: l'été ou l'hiver? 4. Vous portez-vous mieux en été ou en hiver? 5. Aimez-vous vous promener sous la pluie? 6. Pleut-il souvent au printemps en France? 7. Fait-il beau ou mauvais temps aujourd'hui? 8. A-t-il fait beau ou mauvais temps hier? 9. A-t-il plu hier ou a-t-il fait beau temps? 10. Pleut-il davantage au printemps ou en hiver? 11. Allez-vous souvent au bord de la mer? 12. Savez-vous bien nager? 13. Qui vous a enseigné à nager? 14. Nagez-vous bien ou mal? 15. A quelle plage allez-vous le plus souvent? 16. Fait-il soleil aujourd'hui?

1. Que préférez-vous, le tramway ou l'autobus? 2. Lequel est le plus rapide, le tramway ou l'autobus? 3. N'allez-vous jamais à l'école à pied? 4. De combien de temps êtes-vous en retard à l'école? 5. De combien de temps avez-vous été en retard à l'école ce matin? 6. Combien coûte le billet d'autobus? 7. Combien coûte le billet de métro? 8. Combien de mois y a-t-il dans une année? 9. Quels sont les mois d'été aux Etats-Unis? 10. Quel est le mois le plus froid de l'année? 11. Quel est le mois le plus chaud de l'année? 12. Où habitez-vous? 13. Habitez-vous près ou loin de l'école? 14. Combien de pièces y a-t-il dans votre maison? 15. Le salon de votre maison est-il grand ou petit? 16. La salle à manger de votre maison est-elle grande ou petite? 17. Compte-t-elle plusieurs fenêtres? Est-elle claire ou sombre?

Employez les expressions suivantes dans des phrases:

faire beau temps	cela m'est égal	j'adore
faire froid	s'asseoir à l'ombre	très souvent
faire chaud		avoir raison

Mots nouveaux de la leçon: printemps, l'automne (m), presque, être égal, la plage, nager, sombre, fait, croire, vrai, adorer, la neige, se sentir, mieux, pleuvoir, l'oiseau, chanter, la raison, triste, demander, s'habiller, soin, pluie.

LEÇON 21

UNE ANECDOTE

Quand les Français veulent raconter une histoire amusante, c'est presque toujours au sujet des méridionaux, c'est-à-dire des habitants du Midi de la France. Les méridionaux ont généralement la réputation d'exagérer.

Dans un café de Marseille, quelques amis étaient assis à une table. Ils se mirent à parler des échos. L'un d'entre eux dit: "Dans mon village, il y a une très grande église. Elle est si grande que l'écho répète cinq fois les mots qui y sont prononcés."

L'autre dit: "Ce n'est rien. Dans mon village il y a un écho plus étonnant encore qui se produit aussi dans une église. Là, l'écho d'un mot prononcé le matin se répète jusqu'au soir."

Finalement le troisième dit: "Messieurs, les échos dont vous parlez sont extraordinaires; mais ils ne sont rien, comparés à l'écho d'une église de mon village. Il n'y a pas de pareil écho nulle part."

— Qu'est-ce que l'écho de votre village a donc de spécial? a demandé l'un des amis.

"Ce qu'il a de spécial? C'est que l'écho de l'église de mon village est si extraordinaire que si on lui demande: 'Comment allez-vous?' l'écho répond très distinctement: 'Très bien, merci, et vous'?"

1. Quand les français veulent raconter une histoire amusante, de qui est-il question? 2. Dans quelle partie de la France se trouve le Midi? 3. Quelles autres régions de la France pouvez-vous nommer? 4. Quelle réputation ont les méridionaux? 5. Où quelques amis étaient-ils assis? 6. De quoi se mirent-ils à parler? 7. Qu'est-ce que le premier a dit de l'écho d'une église de son village? Qu'est-ce que le deuxième a dit de l'écho d'une église de son village? 8. L'écho de l'église du village du troisième homme était-il extraordinaire? 9. D'après le troisième homme, si l'on demandait: "Comment allez-vous?" Que répondait l'écho?

B. EXERCICE ORAL

Je *parlais* avec le professeur quand Jean est arrivé. A ce moment-là, elle *étudiait* le français. Les enfants *étaient* dans le parc quand je suis passé par là. Nous préparions nos devoirs quand vous nous avez appelés.

Jean *lisait* quand nous sommes arrivés, sa sœur *cousait*, ses deux frères *écrivaient* leurs devoirs. *Elle aidait* toujours mon frère à étudier. Les boutiques *fermaient* à cinq heures, mais maintenant elles ferment à six heures. L'année dernière, je me levais tous les matins à six heures.

Il *fumait* beaucoup. Je *voyais* Jean tous les jours. Nous allions ensemble à l'école.

1. Quel âge avait votre père quand il est arrivé dans ce pays? 2. Que faisaient les autres étudiants quand vous êtes arrivé en classe? 3. Que faisait le professeur? 4. Les étudiants parlaient-ils? 5. De quoi parlaient-ils? 6. Qui avez-vous recontré hier alors que vous vous promeniez dans le parc? 7. Quand votre ami vivait en France quelle langue parlait-il? 8. Aimez-vous aller au cirque? Aimiez-vous aller au cirque quand vous étiez plus jeune? 9. Combien coûtait votre livre de français, quand vous l'avez acheté? 10. Combien coûtait votre stylo quand vous l'avez acheté? 11. Qui vous apportait beaucoup de cadeaux quand vous étiez plus jeune? 12. Avec qui veniez-vous à l'école l'an dernier?

C. REVISION

1. Aimez-vous entendre des histoires amusantes? 2. Aimez-vous raconter des histoires amusantes? 3. Quels Français ont la réputation d'exagérer? 4. Quels habitants de ce pays ont la réputation d'exagérer? 5. Dans quelle ville se passe l'histoire de cette leçon? 6. De quel pays Paris est-elle la capitale? 7. Paris est-elle une grande ou une petite ville? 8. Marseille est-elle une ville moderne ou une vieille ville? 9. Comment s'appellent les habitants du Midi de la France? 11. Dans quelle partie de la France se trouve le Midi? 12. Dans quelle partie de la France se trouve Marseille?

1. Avez-vous très souvent mal à la tête? 2. Quel médicament prenez-vous quand vous avez mal à la tête? 3. Quelles sont les différentes choses qu'on peut acheter dans une pharmacie? 4. Quelles sont les différentes choses qu'on peut acheter dans une épicerie? 5. Les fruits se vendent-ils dans une fruiterie ou dans une boucherie? 6. Dans quel magasin se vendent les livres? 7. Où se vendent les journaux? 8. Quel jour de l'année commence l'été? 9. Quel jour de l'année finit l'été? 10. Le

printemps est-il une saison froide ou chaude? 11. Quel temps fait-il aujourd'hui? 12. Quel temps faisait-il hier? 13. Passez-vous beaucoup ou peu de temps au bord de la mer en été? 14. Pourquoi les gens vont-ils souvent au bord de la mer pendant l'été? 15. Pourquoi les gens restent-ils chez eux pendant l'hiver? 16. Quelle saison de l'année préférez-vous, l'été ou l'hiver? 17. En quel mois de l'année êtes-vous né? 18. Quel jour est votre anniversaire (de naissance)? 19. Où êtes-vous né? 20. Où Jean est-il né?

Employez les expressions suivantes dans des phrases:

avoir la réputation	le matin	nulle part
particulièrement	jusqu'au soir	avoir de
commencer à	comparé à	spécial
ce n'est rien		

Mots nouveaux de la leçon: agréable, la région, la réputation, exagérer, le café, l'écho (m), le village, l'église (f), répéter, prononcé, jusqu'à, extraordinaire, comparaison, aucun, voix, la capitale, moderne, vieille, se trouver, l'épicerie (f), la boucherie, le professeur, l'anniversaire (de naissance) (m), au bord de la mer, la partie, l'habitant (m).

LEÇON 22

UNE HISTOIRE

Au cours de la dernière leçon nous avons lu une histoire mettant en cause des Méridionaux. Vous savez déjà que ces derniers sont célèbres pour leur drôlerie et pour leur façon d'exagérer. Voici donc une histoire concernant un Méridional et un Américain. Tous les deux parlaient des merveilles de leur pays respectif.

L'Américain, essayant d'impressionner le Méridional lui dit:

— Aux Etats-Unis nous avons des machines pour tout fabriquer. Nous avons des machines où on met de l'argent d'un côté et il en sort un paquet de bonbons, des cigarettes ou des rafraîchissements de l'autre. Nous avons aussi une machine dans laquelle on met une graine d'un côté et un melon en sort de l'autre.

Le Méridional écoutait avec beaucoup d'attention. Enfin il dit:

— Tout cela est extraordinaire en effet, mais dans le Midi de la France, nous avons des milliers de machines. Nous en avons une, par exemple, qui avale de l'herbe d'un côté et il en sort du lait de l'autre.

Fameux, dit l'Américain, quelle machine est-ce?
C'est une vache, répondit le Méridional, très satisfait.

1. Quelle histoire venons-nous de lire? 2. Que raconte cette histoire-ci? 3. De quoi l'Américain et le Méridional parlaient-ils? 4. Qui l'Américain essayait-il d'impressionner? 5. D'après l'Américain, quelles machines trouve-t-on aux Etats-Unis? 6. Si l'on met de l'argent d'un côté, qu'est-ce qui en sort de l'autre? 7. D'après l'Américain, quelle est la machine la plus moderne que nous trouvons en Amérique? 8. Le Méridional écoutait-il avec beaucoup ou peu d'attention? 9. D'après le Méridional, y a-t-il beaucoup ou peu de machines dans le Midi de la France? 10. Qu'est-ce qu'une de ces machines avale d'un côté? 11. Qu'est-ce qui en sort de l'autre? 12. D'après le Méridional, comment s'appelle cette machine?

B. EXERCICE ORAL

J'*étais* très jeune à cette époque-là. Elle *était* très gentille quand elle était petite. Nous *étions* de très bons amis. Quelle heure *était-il* quand ils sont arrivés? Tous les deux *étaient* du Midi de la France.

Je l'ai vu alors que j'*étais* à l'école. Nous *devions* l'appeler hier. Il devait jouer au tennis, mais il a *plu*. Ils *allaient* au cinéma presque tous les soirs.

Il y *avait* beaucoup d'étudiants absents hier. Il n'y *avait* personne dans le bureau. Il y *avait* peu de jeunes filles à la réunion hier soir.

C. REVISION

1. Quelle est la principale caractéristique des Méridionaux? 2. Quelles sont les caractéristiques des Américains? 3. Quelles sont les caractéristiques des Français? des Anglais? des Latins? 4. Aimez-vous les personnes qui exagèrent? 5. Mangez-vous beaucoup de bonbons? 6. Votre père fume-t-il la cigarette? 7. Quels rafraîchissements préférez-vous? 8. Prenez-vous plus de rafraîchissements quand il fait froid que lorsqu'il fait chaud? 9. Aimez-vous le melon? 10. Est-ce que le melon est un fruit sucré ou acide? 11. De quelle couleur est l'herbe? 12. Buvez-vous beaucoup de lait? 13. Est-ce que la vache est un animal domestique ou sauvage? 14. Est-ce que la vache est une machine ou un animal? 15. Qu'est-ce que les vaches mangent comme nourriture?

1. A quelle heure votre leçon commence-t-elle tous les jours? 2. A quelle heure votre leçon a-t-elle commencé ce matin? 3. Vous levez-vous tard ou tôt (de bonne heure) le matin? 4. Vous êtes-vous levé tard ou tôt (de bonne heure) ce matin? 5. A quelle heure vous êtes-vous levé ce matin? 6. Votre frère se lève-t-il tôt (de bonne heure) ou tard? 7. A quelle heure se lève-t-il? 8. Que mangez-vous pour le petit déjeuner? 9. Ce matin vous êtes-vous lavé les mains avant ou après le petit déjeuner? 10. A quelle heure êtes-vous arrivé à l'école ce matin? 11. A quelle heure êtes-vous arrivé à l'école hier matin? 12. A quelle heure allez-vous rentrer chez vous? 13. Comment vous appelez-vous? 14. Comment s'appelle votre meilleure amie? 15. A quelle heure vous êtes-vous couché hier soir? 16. Avez-vous bien ou mal dormi la nuit dernière? 17. Combien d'heures avez-vous dormi la nuit dernière? 18. Qu'avez-vous fait hier soir? 19. Êtes-vous resté chez vous hier soir ou êtes-vous sorti? 20. Avez-vous mené votre chien au parc

hier soir? 21. Qui le mène au parc quand vous êtes à l'école? 22. A quoi occupez-vous vos loisirs à la maison?

Employez les expressions suivantes dans des phrases:

d'un côté	gagner de l'argent	à cette époque
de l'autre côté	par exemple	de bonne heure
enfin (finalement)	parler de	tôt
occuper ses loisirs	absent de	tard

Mots nouveaux de la leçon: fameux, la façon, exagérer, merveilleux, respectif, impressionner, l'argent (m), le paquet, les bonbons (m), la cigarette, le rafraîchissement, la machine, fabriquer, la graine, le melon, mille, l'herbe (f), le lait, la vache, satisfait, l'époque (f), le tennis, jouer, futur, la qualité, l'aliment (m), l'exemple (m), soigneusement, caractéristique, la nuit, dernière.

LEÇON 23

Jean: — Est-ce que les autobus s'arrêtent ici Monsieur?

Inconnu: — Oui, ils s'arrêtent toujours au coin de cette rue.

— Je désire aller rue de la Paix. Puis-je prendre un de ces autobus?

— Vous pouvez prendre n'importe lequel excepté le numéro 10. Le numéro 10 tourne dans la Rue Lafayette et suit l'avenue du Général Joffre.

— Les autobus passent-ils souvent?

— Il en passe un toutes les cinq minutes. Il en passera un dans cinq minutes. En voici un maintenant.

— C'est bien. Combien de temps cela nous prendra-t-il pour aller Rue de la Paix?

— Cinq minutes environ. Ce n'est pas très loin. Êtes-vous étranger?

— Oui, je le suis. Je suis arrivé à Paris, il y a trois jours.

— Quel est votre pays d'origine?

— Je suis né aux Etats-Unis.

— Comment trouvez-vous Paris?

— J'aime beaucoup Paris, mais je m'y trouve un peu perdu. Je me perds bien des fois quand je circule seul par la ville.

— Vous vous y accoutumerez. Ce n'est pas très difficile. Eh bien! Voici l'autobus. Heureusement qu'il n'y a pas beaucoup de monde.

— Merci bien (beaucoup) du renseignement.

— Il n'y a pas de quoi.

1. Quelles sont les personnes qui participent à ce dialogue? 2. Dans quelle ville le dialogue a-t-il lieu? 3. De quel pays vient Jean? 4. De quel pays vient l'inconnu? 5. Les autobus s'arrêtent-ils à toutes les rues ou seulement à certaines rues? 6. Comment les arrêts des autobus sont-ils indiqués? 7. D'après l'homme du dialogue les autobus passent-ils souvent? 8. Jean doit-il attendre longtemps ou un autobus arrive-t-il vite? 9. Est-il facile pour Jean de circuler dans Paris ou se perd-il souvent? 10. Jean aime-t-il Paris? 11. Quand l'autobus est arrivé y avait-il beaucoup de monde? 12. Quand Jean a remercié l'inconnu pour son renseignement, qu'est-ce que l'homme lui a répondu? 13. Depuis combien de temps Jean est-il à Paris? 14. Depuis combien de temps étudiez-vous le français?

B. EXERCICE ORAL

Hier soir, après avoir dîné, Jean a tout de suite commencé à écrire une lettre à un de ses amis qui habite le Midi de la France. Il écrit souvent à cet ami. Il va d'abord dans sa chambre, s'assied au bureau et prend du papier et un stylo. Il commence ainsi la lettre "Cher Charles." Il raconte à Charles beaucoup de choses sur l'école et sur sa vie quotidienne. Il termine la lettre et la signe. Après, il plie la lettre en deux et la met dans une enveloppe. Il écrit l'adresse sur l'enveloppe et y colle un timbre-poste. Ensuite il va au coin de la rue et met la lettre dans la boîte aux lettres.

Demain soir, après avoir mangé, Jean *écrira* une lettre à un de ses amis dans le Midi de la France. Il *ira* d'abord dans sa chambre, *s'assiéra* au bureau et *prendra* du papier et un crayon. Il *commencera* ainsi la lettre: "Cher Charles." Il *racontera* à Charles beaucoup de choses sur l'école et sur sa vie quotidienne. Il *terminera* la lettre et la *signera*. Ensuite, il *pliera* la lettre en deux et la *mettra* dans une enveloppe. Il *écrira* l'adresse sur l'enveloppe et y *collera* un timbre-poste. Ensuite, il *ira* au coin de la rue et *mettra* la lettre dans la boîte aux lettres.

1. Allez-vous à l'école en autobus ou en métro? 2. Lequel est le plus rapide, l'autobus ou le métro? 3. Au coin de quelle rue prenez-vous l'autobus? 4. Les autobus passent-ils souvent? 5. Sont-ils généralement bondés ou vides quand ils arrivent à votre rue? 6. Pouvez-vous facilement trouver une place ou devez-vous rester debout? 7. Est-ce facile ou difficile de trouver une place dans un autobus bondé de gens? 8. Est-il facile ou difficile de trouver une place dans un autobus vide? 9. Quel est le prix du trajet en autobus? 10. Faut-il payer le prix du trajet en entrant dans l'autobus ou en sortant? 11. A qui faut-il payer le trajet? 12. Est-il facile ou difficile pour les étrangers de circuler dans une ville étrangère? 13. Les étrangers se perdent-ils souvent dans une grande ville comme New York? 14. Aimez-vous demander des renseignements à des inconnus?

C. REVISION

1. A quelle heure prenez-vous le petit déjeuner tous les jours? 2. A quelle heure avez-vous pris le petit déjeuner hier? 3. A

quelle heure prendrez-vous le petit déjeuner demain? 4. A quelle heure arrivez-vous à l'école tous les jours? 5. A quelle heure êtes-vous arrivé à l'école hier? 6. A quelle heure arriverez-vous à l'école demain? 7. A quelle heure Antoine et Richard arrivent-ils généralement à l'école? 8. A quelle heure sont-ils arrivés à l'école hier? 9. A quelle heure arriveront-ils demain? 10. Vont-ils à l'école en autobus ou à pied? 11. Hier sont-ils allés à l'école en autobus ou à pied? 12. Comment iront-ils à l'école demain? 13. A quelle heure commence votre classe de français? 14. A quelle heure votre classe a-t-elle commencé hier? 15. A quelle heure votre classe commencera-t-elle demain? 16. Avec qui déjeunez-vous tous les jours? 17. Avec qui avez-vous déjeuné hier? 18. Avec qui déjeunerez-vous demain? 19. Où est Jean? 20. Où était Jean hier à cette heure-ci? 21. Où sera Jean demain à cette heure-ci? 22. Qui est votre professeur de français? 23. Qui était votre professeur de français l'année dernière? 24. Qui sera votre professeur de français l'année prochaine?

Employez les expressions suivantes dans des phrases:

prendre l'autobus	fréquemment	il y a trois jours
l'autobus s'arrête	combien de temps	quelques fois
l'autobus tourne	tarder à arriver	faites donc
tout de suite	il faut payer	il n'y a pas de quoi
d'abord	n'importe lequel	comment vous trouvez-vous?

Mots nouveaux de la leçon: s'arrêter, le coin de la rue, un des, suivre, l'étranger (m), inconnu, se perdre, peu, s'accoutumer, heureusement, le renseignement, certain, rapidement, circuler, vide, la place, tourner, plier en deux (une lettre), la poste, la boîte aux lettres, vide, quotidien, coller, sur, le trajet, ainsi.

LEÇON 24

Le maître: — Ces expressions-ci sont importantes en français: *hier, avant-hier, hier soir, avant-hier soir, demain, après-demain,* etc. Aujourd'hui c'est mardi, Guillaume, qu'avez-vous fait avant-hier?

L'étudiant: — Avant-hier c'était dimanche, j'étais chez moi presque toute la journée, je suis allé faire une promenade au parc.

— Après-demain ce sera jeudi, Hélène, que ferez-vous après-demain?

— Après-demain j'irai à l'école comme de coutume (d'habitude).

— Pierre, qu'avez-vous fait hier soir?

— Hier soir je suis allé au cinéma avec mon frère.

— Et qu'avez-vous fait avant-hier soir?

— Avant-hier soir je suis allé chez le médecin avec ma mère.

— Et qu'est-ce que le médecin vous a dit avant-hier quand vous êtes allé le voir?

— Il n'a rien dit. Il m'a seulement donné une potion contre la toux.

— Et quand vous êtes arrivé chez vous avant-hier soir avez-vous pris la potion que le médecin vous a donnée contre la toux?

— J'ai essayé de la prendre, mais j'ai décidé qu'il valait mieux garder la toux.

1. Qu'avez-vous fait hier? 2. Qu'avez-vous fait avant-hier? 3. Qu'avez-vous fait hier soir? 4. Qu'avez-vous fait avant-hier soir? 5. Que ferez-vous demain? 6. Que ferez-vous après-demain? 7. Quel jour est-ce aujourd'hui? 8. Que fera Hélène après-demain comme d'habitude? 9. Où Pierre est-il allé hier soir? 10. Où Pierre est-il allé avant-hier soir? 11. Qu'est-ce que le médecin a donné à Pierre? 12. Pourquoi Pierre n'a-t-il pas pris le médicament que le docteur lui a donné?

B. EXERCICE ORAL

Souvent dans l'après-midi, Jean va au bureau de poste pour y acheter des timbres. Il va d'abord au guichet des timbres. Il y a beaucoup de monde devant le guichet, et il doit faire la queue pendant quelques minutes. Enfin, c'est son tour. Il dit à l'employé qui est au guichet combien de timbres il désire. L'employé dit à Jean combien valent les timbres. Jean les paie. Il colle un timbre sur la lettre et la met dans la boîte (aux lettres).

Demain soir Jean *ira* au bureau de poste pour acheter des timbres. Il *ira* d'abord au guichet des timbres. *Il y aura* beaucoup de monde devant ce guichet, et *il devra* faire la queue pendant quelques minutes. Enfin *ce sera* son tour. Il *dira* à l'employé qui *sera* au guichet combien de timbres il désire. L'employé *dira* à Jean combien valent les timbres. Jean les *paiera*. Il *collera* un timbre sur la lettre et la *mettra* dans la boîte (aux lettres).

(Lisez le paragraphe précédent encore une fois en vous servant de JE au lieu de *Jean: Demain après-midi j'irai au bureau de poste, etc.*)

1. Où Jean va-t-il souvent dans l'après-midi? 2. Où Jean ira-t-il demain après-midi? 3. Où va-t-il d'abord? 4. Où ira-t-il d'abord demain? 5. Y aura-t-il beaucoup ou peu de monde devant ce guichet? 6. Devra-t-il faire la queue longtemps? 7. Que dira-t-il à l'employé au guichet? 8. Qu'est-ce que l'employé dira à Jean? 9. Que fera Jean? 10. Où Jean collera-t-il un des timbres et où déposera-t-il la lettre?

C. REVISION

1. Allez-vous souvent ou peu souvent au bureau de poste? 2. Qu'est-ce que vous y achetez? 3. Combien de temps devez-vous y faire la queue? 4. Aimez-vous y faire la queue? 5. Allez-vous quelquefois à la poste déposer des paquets? 6. Quand êtes-vous allé au bureau de poste la dernière fois? 7. Y avait-il beaucoup ou peu de monde? 8. Combien de temps avez-vous dû y faire la queue? 9. Qu'est-ce que vous y avez acheté? 10. Si vous allez au bureau de poste demain y aura-t-il beaucoup de personnes? 11. A quel guichet irez-vous? 12. Combien de temps devrez-vous y faire la queue? 13. Qu'y achèterez-vous? 14. Que ferez-vous des timbres que vous achèterez? 15. Où déposerez-vous votre lettre?

1. Où mettez-vous vos livres tous les jours en arrivant en classe? 2. Où les avez-vous mis hier en arrivant en classe? 3. Où les mettrez-vous demain? 4. Combien d'heures devez-vous étudier chaque soir à la maison? 5. Combien d'heures

avez-vous dû étudier hier soir? 6. Venez-vous à l'école à pied ou en autobus? 7. Comment êtes-vous venu à l'école ce matin? 8. Comment viendrez-vous à l'école demain matin? 9. Jean, pourquoi ne pouvez-vous pas assister à la classe aujourd'hui? 10. Pourquoi n'avez-vous pas pu assister à la classe hier? 11. Pourquoi ne pourra-t-il pas assister à la classe demain? 12. Combien de personnes tiennent dans l'automobile d'Edouard? 13. Combien de personnes tenaient dans sa vieille auto? 14. Combien de personnes tiendront dans sa nouvelle auto? 15. Y a-t-il beaucoup ou peu d'étudiants absents aujourd'hui? 16. Y en a-t-il eu beaucoup ou peu d'absents hier? 17. Y en aura-t-il beaucoup ou peu d'absents demain? 18. Faites-vous généralement vos exercices soigneusement? 19. Avez-vous fait vos exercices soigneusement hier? 20. Ferez-vous vos exercices très soigneusement demain? 21. Pourquoi ne dites-vous pas la vérité à Jean? 22. Pourquoi n'avez-vous pas dit la vérité à Jean? 23. Pourquoi ne direz-vous pas la vérité à Jean? 24. Pourquoi ne voulez-vous pas aller au cinéma? 25. Pourquoi n'avez-vous pas voulu aller au cinéma hier soir? 26. Pourquoi ne voudrez-vous pas aller au cinéma demain soir?

Employez les expressions suivantes dans des phrases:

docteur	hier soir	falloir
après-demain	demain matin	faire la queue
hier matin	demain soir	dire la vérité
médicament	faire un promenade	prendre une potion

Mots nouveaux de la leçon: avant-hier, avant-hier soir, la promenade, la coutume, le médecin, la toux, essayer, le bureau de poste, le guichet, falloir, faire la queue, divers, le tour, envoyer, assister, tenir, pendant, la voiture.

LEÇON 25

Il y a beaucoup d'histoires au sujet des difficultés que rencontrent des personnes qui voyagent dans des pays étrangers sans connaître la langue de ces pays.

Un Anglais était en France. Un jour il voulut déjeuner et il entra dans un petit café. Il désirait prendre un bon repas, mais il ne comprenait pas bien le français. Il lui était impossible de lire le menu. Il savait, cependant, comment demander des œufs. Il arrêta donc son choix sur ce mets. La France est célèbre pour ses champignons et pour cette raison l'Anglais désirait aussi goûter des champignons avec les œufs. Mais il ne savait comment dire "champignons" en français. Par malheur, le garçon ne comprenait pas un mot d'anglais. Enfin l'Anglais sortit du papier et un crayon de sa poche et il dessina soigneusement un champignon. Le garçon regarda le dessin avec beaucoup d'attention. Il ne comprenait pas bien ce que le dessin de l'Anglais voulait dire mais il est parti.

Il s'absenta longtemps. Enfin il revint une demi-heure plus tard. Au lieu d'une portion de champignons, il apporta un grand parapluie noir.

1. Y a-t-il beaucoup ou peu d'histoires au sujet des personnes qui voyagent dans des pays étrangers sans savoir la langue de ces pays? 2. Où se trouvait l'Anglais? 3. Que voulut-il faire un jour? 4. Où est-il entré? 5. Que savait-il demander? 6. Qu'est-ce que l'Anglais désirait goûter avec les œufs? 7. Savait-il dire "champignons" en français? 8. Le garçon comprenait-il bien l'anglais? 9. D'où l'Anglais a-t-il sorti le papier et le crayon? 10. Qu'a-t-il dessiné très soigneusement? 11. Le garçon a-t-il regardé le dessin longtemps ou rapidement?

12. Qu'est-ce que le garçon a fait? 13. Le garçon a-t-il beaucoup tardé à revenir? 14. Qu'est-ce qu'il a apporté à l'Anglais au lieu d'une portion de champignons?

B. EXERCICE ORAL

(Donnez deux réponses à chacune des questions suivantes, une affirmative et l'autre négative.)

1. Y avait-il *quelqu'un* dans la classe quand vous êtes arrivé? 2. Avez-vous *quelque chose* à étudier ce soir? 3. Aimez-vous *aussi* ces histoires? 4. Jean a-t-il *quelques* amis à l'école? 5. Allez-vous *toujours* à l'école à pied? 6. Hélène parle-t-elle *aussi* allemand? 7. Savez-vous *quelque* chose de lui? 8. Jean a-t-il parlé de cela à *quelqu'un*? 9. Êtes-vous allé *quelque* part après la leçon? 10. Y a-t-il *quelqu'un* dans le corridor? 11. Hélène va-t-elle *aussi* à la réunion? 12. Avez-vous *quelque chose* à nous raconter?

C. REVISION

1. Aimez-vous voyager? 2. Vous est-il facile ou difficile de lire un menu en français? 3. Quel est le mot en anglais pour "champignons"? 4. Comment dit-on en anglais "il a demandé des œufs"? 5. Comment traduit-on en français "he went into a small restaurant"? 6. Aimez-vous les champignons? 7. Mange-t-on beaucoup ou peu de champignons aux Etats-Unis? 8. Dessinez-vous bien ou mal? 9. Croyez-vous que l'Anglais de l'histoire de cette leçon dessinait bien ou mal? 10. Pourquoi le garçon a-t-il apporté un parapluie à l'Anglais au lieu d'une portion de champignons? 11. Un champignon et un parapluie se ressemblent-ils? 12. A quoi sert un parapluie? 13. Se sert-on d'un parapluie quand le temps est beau ou mauvais? 14. S'en sert-on quand il fait du soleil ou seulement quand il pleut?

1. Combien ce livre vous coûte-t-il? 2. Combien coûte une bonne paire de chaussures? 3. Combien vaut une douzaine d'œufs? Une livre de beurre? Un stylo? Un crayon? 4. Lequel coûte le plus: un crayon ou un stylo? 5. Où se vendent les stylo? 6. Où se vend le papier à lettres? 7. Où se vend l'encre pour les stylos? 8. Coûte-t-il davantage de voyager par train ou par avion? 9. Qu'est-ce qui est le plus rapide, voyager par train ou voyager par avion? 10. Combien cela coûte-t-il d'aller de New York à Paris par avion? 11. Combien cela coûte-t-il d'aller de New York à la Martinique par avion? 12. Vous faut-il travailler beaucoup ou peu pour préparer votre leçon de français tous les jours? 13. Vous faut-il travailler beaucoup pour répondre à ces questions? 14. Combien cela coûte-t-il pour aller de New York à la Martinique par bateau? 15. Vous faut-il travailler beaucoup ou peu pour comprendre le professeur quand il vous parle? 16. Faut-il que le professeur fasse un grand effort pour vous comprendre quand vous lui parlez en français?

Employez les expressions suivantes dans des phrases:

sans savoir	au lieu de	vouloir dire
demander quelque chose	falloir travailler	beaucoup d'attention
cependant	sortir de la poche	enfin
pour cela		

Mots nouveaux de la leçon: la difficulté, voyager, impossible, cependant l'œuf (m), le champignon, dessiner, allé, ordre, le parapluie, passager, la douzaine, la livre, le beurre, le stylo, commode, sans, aussi, coûter.

FRENCH-ENGLISH VOCABULARY

A

à, to, at, in, on, with
(d') abord, first
absent, absent, missing
(s') absenter, to absent oneself
accident, m., accident
(s') accoutumer, to get used to, to get accustomed to
acheter, to buy
acide, acid, sour
adorer, to adore, to worship
adresse, f., address
affirmatif, m.; affirmative, f., affirmative
âge, m., age
 - quel âge avez-vous? How old are you?
agir, to act
 - il s'agit de, it is a question of
agréable, pleasant
ah!, oh!, ah!
aider, to help, to assist
aimer, to like, to love, to be fond of
 - aimer bien, to rather like
ainsi, thus, so
aisément, easily
aliment, m., food
allemand, German
aller, to go
 - s'en aller, to go away, to go off
 - comment allez-vous? How are you?
allé, gone
alors, then, therefore
 - alors que, when, as, whereas
américain, m.; américaine, f., American
Amérique, f., America
ami, m.; amie, f., friend, companion
ammoniaque, f., ammonia
amusant, amusing, funny
an, m., year
anecdote, f., anecdtoe
anglais, m.; anglaise, f., English
Angleterre, f., England
animal, m., animal
année, f., year
 - année scolaire, school year, academic year
anniversaire, m., birthday, anniversary
annonce, f., advertisement
août, August
appeler, to call
 - s'appeler, to be called
appétit, m., appetite
appliqué, m.; appliquée, f., studious, diligent
apporter, to bring
apprendre, to learn, to teach
après, after
 - d'après, according to
 - après-midi, m. or f., afternoon
arbre, m., tree
argent, m., money, silver
arithmétique, f., arithmetic
arrêt, m., stop
arrêter, to stop
 - s'arrêter, to stop, to rest
arriver, to arrive, to manage, to happen, to occur
asseoir, to sit
 - s'asseoir, to sit down
assez, enough
assiette, f., plate

assis, sat, seated
assister, to attend, to assist
attendre, to wait
- **s'attendre**, to expect
attention, f., attention, care
au, at the, to the
aucun, no, not any, none
aujourd'hui, to-day
aussi, also, too
autobus, m., bus
automne, Autumn, Fall
automobile, f., car, automobile
autre, other, else, next
avaler, to swallow
avancer, to go forward, to go ahead, to advance
avant, before
- **en avant**, ahead
avec, with
avenue, f., avenue
avril, April
avoir, to have
- **qu'avez-vous?** What is the matter with you?
- **avoir à**, to have to
- **avoir chaud**, to be warm, to be hot
- **avoir faim**, to be hungry
- **avoir froid**, to be cold
- **avoir la parole**, to be allowed to talk
- **avoir peur**, to be afraid
- **avoir raison**, to be right
- **avoir soif**, to be thirsty
- **avoir tort**, to be wrong
- **j'ai dix-huit ans**, I am eighteen years old

B

bague, f., ring
baigner, to bathe
- **se baigner**, to take a bath, to bathe in the sea
balayer, to sweep
banane, f., banana
bas, m.; **basse**, f., low
beau, m.; **belle**, f., beautiful
beaucoup, much, many
bête, f., beast, animal
beurre, m., butter
bien, well
- **bien des**, many
billet, m., ticket
blanc, m.; **blanche**, f., white
bleu, m.; **bleue**, f., blue
boire, to drink
boîte, f., box
- **boîte aux lettres**, mailbox
bon, m.; **bonne**, f., good
bonbon, m., candy
bondé, crowded
bonjour, good morning, good afternoon
bord, m., edge
- **bord de la mer**, seaside
boucherie, f., butcher shop
bouteille, f., bottle
boutique, f., shop
Brésil, m., Brazil
brun, m.; **brune**, f., brown, dark-haired
bureau, m., desk, office
- **bureau de poste**, post office

C

ça, it, this
cadeau, m., gift, present
café, m., coffee, coffee shop, café
cahier, m., notebook
calcul, m., calculus, calculation
Canada, m., Canada

capitale, f., capital
caractéristique, f., characteristic., salient feature
cardinal, m.; **cardinale**, f., cardinal
carreau, m., window pane
carte, f., post card, playing card, map
cartable, m., school bag
cause, f., cause, reason
causer, to cause, to provoke
ce, cet, m.; **cette**, f.; **ces**, pl., this, that; pl. these those
ceci, this
cela, that, it
célèbre, famous
celui, m.; **celle**, f.; **ceux**, m. pl.; **celles**, f. pl., that one, that
 - **celui-ci**, m.; **celle-ci**, f., this one, the latter
 - **celui-là**, m.; **celle-là**, f., that one, the former
cent, one hundred
cependent, however
certain, certain, sure
 - **certains**, m.; **certaines**, f., some
chacun, each one
chaise, f., chair
chambre, f., bedroom
champignon, m., mushroom
chanter, to sing
chapeau, m., hat
chaque, m.-f., each, every
chaud, m.; **chaude**, f., hot, warm
chaussure, f., shoe
chemise, f., shirt
cher, m.; **chère**, f., dear, expensive
chercher, to look for
cheval, m., horse
cheveux, m. pl., hair
chez, at
 - **chez moi**, at home
chien, m., dog

choisir, to choose
choix, m., choice
chose, f., thing
ciel, m., sky, heaven
cigarette, f., cigarette
cinéma, m., movie, movie house
cinq, five
cinquante, fifty
circuler, to circulate, to move about
cirque, m., circus
clair, m.; **claire**, f., light, clear
classe, f., classroom, class, school
climat, m., climate
coin, m., corner
 - **coin de la rue**, street corner
colère, f., anger
 - **être en colère**, to be angry
 - **se mettre en colère**, to loose one's temper
coller, to stick
combien, how much, how many
commander, to order
comme, like, as
commencer, to begin, to start
comment, how
commode, m.-f., convenient, practical
communiquer, to communicate
comparer, to compare
 - **comparé à**, compared with
comparaison, f., comparison
complet, m., suit
complet, m.; **complète**, f., complete
composer, to make up, to indite, to compound
composition, f., essay
comprendre, to understand
compter, to count, to number
comptoir, m., counter, bar
concernant, about

connaître, to know, to be acquainted with
contenir, to contain, to enclose
continuer, to continue, to go on, to pursue
contraire, m., contrary, opposite
contre, against
- par contre, on the contrary
conversation, f., conversation, talk
corbeille, f., basket
correct, m.; correcte, f., correct, right
correspondre, to correspond
côté, m., side
- à côté de, next to
- de l'autre côté, on the opposite side
coucher, to lay, to put to bed
- se coucher, to go to bed, to lie down
coudre, to sew, to stitch
couleur, f., color
courir, to run
cours, m., class, course
- au cours de, during, in the course of
coûter, to cost
coutume, f., custom, habit
couvrir, to cover
couvert, covered, overcast
couvert, m., cover, place (at table), fork and spoon
crayon, m., pencil
croire, to believe, to think
Cuba, Cuba
cueillir, to pick up
cuillère, f., spoon
cuillère à soupe, table spoon

D

dans, in, into
danse, f., dancing
danser, to dance
davantage, more
de, of, from, with, some
debout, standing
décembre, December
décider, to decide
découvrir, to discover
- se découvrir, to take off some of one's clothing
déjeuner, m., lunch
- petit déjeuner, breakfast
demain, tomorrow
- après-demain, the day after tomorrow
demande, f., request
demander, to ask, to inquire
déménager, to move house, to remove
demeurer, to live, to dwell
demi, half
démonstratif, demonstrative
dentiste, m., dentist
déposer, to deposit, to leave
depuis, since, for, from
dernier, m.; dernière, f., last
derrière, behind
des, some
dès que, as soon as
deshabiller, to undress
- se deshabiller, to get undressed
désirer, to wish, to want
désolé, very sorry, grieved, desolate
dessin, m., drawing, picture
dessiner, to draw
dessus, over
- au dessus de, above
deux, two
deuxième, second
devant, before, in front
devenir, to become
devoir, to have to

devoir, m., paper, task, duty
dialogue, m., dialogue
différence, f., difference
différencier, to differenciate
différent, various
difficile, difficult
difficulté, f., difficulty, trouble
dimanche, m., Sunday
diner, to have dinner
diner, m., dinner
dire, to say, to tell
distinctement, distinctly
distribuer, to distribute, to deliver
divers, various, different
dix, ten
dix-huit, eighteen
dixième, tenth
dix-neuf, nineteen
dix-sept, seventeen
domestique, domestic
donc, then, therefore
donner, to give
dormir, to sleep
douze, twelve.
douzaine, f., dozen
drôlerie, f., drollery, jesting
du, of the, some
durant, during

E

écho, m., echo
éclater, to burst
éclore, to blossom, to hatch
éclos, m., **éclose**, f., open, in bloom, hatched
école, f., school
(s')écouler, to pass, to run
écouter, to listen
écrire, to write
écurie, f., horse stable
édifice, m., building
égal, equal
 - **cela m'est égal**, it is all the same to me, I don't mind
église, f., church
élève, m.-f., pupil, student
elle, she
elles, they
éminent, eminent, distinguished
emmener, to take to
emploi, m., use, job
employé, m., clerk
employer, to use, to employ
en, in, by, of it, of them
encore, again, once more, yet, still
 - **pas encore**, not yet
endormir, to put to sleep
 - **s'endormir**, to fall asleep
enfant, m., child
enfin, at last, finally
ennuyer, to annoy
 - **s'ennuyer**, to be bored, to get bored
enseigner, to teach
ensemble, together
ensuite, then
entendre, to hear
entre, between
entrer, to enter, to go into
enveloppe, f., envelope
environ, about
envoyer, to send
épicerie, f., grocer's shop
époque, f., epoch, age, time
Espagne, f., Spain
espagnol, Spanish
espérer, to hope
essayer, to try, to attempt
et, and
étage, m., floor, apartment floor

flight
Etats-Unis, m. pl., United States
été, m., Summer
étonnant, astonishing, surprising
être, to be
étrange, strange
étranger, m.; **étrangère**, f., foreigner, stranger
études, f. pl., studies
étudiant, m., student
étudier, to study
eux, they, them
(s')évanouir, to faint, to disappear
exact, correct, right
exagérer, to exaggerate
examen, m., examination, test
excepté, except
exemple, m., example
  - **par exemple**, for instance, for example
exercice, m., exercise
expliquer, to explain
expression, f., expression
extraordinaire, extraordinary

F

fable, f., fable
fabriquer, to make, to manufacture, to invent
(se) fâcher, to get angry
facile, easy
facilement, easily
façon, f., manner, way
facteur, m., postman, mailman
faible, weak
faim, f., hunger
faire, to do, to make
  - **faire beau temps**, to be nice weather
  - **faire chaud**, to be warm weather
  - **faire froid**, to be cold weather
  - **faire l'appel**, to call over the roll
fait, m., fact
falloir, must
fameux, excellent
famille, f., family
fatigué, tired
faveur, f., favor
favori, m.; **favorite**, f., favorite
femme, f., wife, woman
féminin, feminine
fenêtre, f., window
fête, f., feast
février, February
figure, f., face
fille, f., girl, daughter
film, m., film, movie
fils, m., son
fin, f., end
finalement, finally, at last
finir, to finish, to end
fleur, f., flower
fois, f., time
foncé, dark
fort, strong
France, f., France
français, French
fréquemment, frequently, often
frère, m., brother
froid, cold
fruit, m., fruit
fruiterie, f., fruiterer's, greengrocer's shop
fumer, to smoke
futur, m., future

G

gagner, to win, to gain, to earn
gant, m., glove
garcon, m., boy, waiter

garder, to keep, to save
gâteau, m., cake
général, general
- en général, in general, generally
généralement, generally
genre, m., kind, gender
gens, m. pl., people
gentil, m.; gentille, f., nice, sweet
gonfler, to inflate
- se gonfler, to inflate oneself
goûter, to taste
graine, f., seed
grammaire, f., grammar
grammatical, s.; **grammaticaux**, pl., grammatical
grand, tall, large, big, great
grenouille, f., frog
gris, grey
gros, m.; grosse, f., big, fat
guichet, m., box office

H

habiller, to dress
- s'habiller, to get dressed
habitant, m., inhabitant
habiter, to live
habitude, f., habit
- d'habitude, usually, ordinarily
hasard, m., chance
- par hasard, by chance, by accident
haut, m.; haute, f., high
herbe, f., grass
heure, f., hour
- à l'heure, on time
- de bonne heure, early
- à huit heures, at eight o'clock
- quelle heure est-il? what time is it?
heureusement, fortunately, happily
hier, yesterday
- avant-hier, the day before yesterday

histoire, f., story, history
hiver, m., Winter
homme, m., man
hôpital, m., hospital
huit, eight
huitième, eighth
humide, wet

I

ici, here
il, he, it
ils, they
il y a, there is, there are
immédiatement, immediately, at once
important, important
importer, to matter, to import
- n'importe lequel, no matter which
impossible, impossible
impressionner, to impress, to affect
inconnu, unknown
indiquer, to indicate, to point out
instant, m., moment
instituteur, m., school master
institutrice, f., school mistress
intelligent, intelligent, clever, smart
intéressant, interesting
Italie, f., Italy

J

jamais, never
jambon, m., ham
janvier, January
jardin, m., garden
jaune, m.-f., yellow
je, I
jetter, to throw away
jeudi, Thursday

jeune, m.-f., young
joli, m.; **jolie**, f., pretty
jouer, to play, to act
jour, m., day, light
journal, m., newspaper
journée, f., day
juillet, July
juin, June
jusqu'à, up to, down to, until

L

l', the
la, the, it, her
là, there
laboureur, m., ploughman
laid, m.; **laide**, f., ugly
lait, m., milk
laitue, f., lettuce
langue, f., language, tongue
Latins, m. pl., Latin people
laver, to wash up
 - **se laver**, to wash
le, the, it, him
leçon, f., lesson
légume, m., vegetable
lequel, m.; **laquelle**, f., which one, what
les, the, them
lettre, f., letter
leur, their, to them
lever, to raise, to lift
 - **se lever**, to get up, to stand up, to rise
lieu, m., place
 - **avoir lieu**, to take place
 - **au lieu de**, instead of
lire, to read
livre, m., book
livre, f., pound
loin, far, far away
loisir, m., leisure, free time

longtemps, for a long time
lorsque, when
loyer, rent
lui, him, he
lundi, Monday

M

machine, f., machine
magasin, m., store, shop
mai, May
main, f., hand
maintenant, now
mais, but
maison, f., house, home
 - **à la maison**, at home
maître, m., instructor, school master
majorité, f., majority
mal, bad
malade, ill, sick
malaise, m., indisposition
malheur, m., misfortune
 - **par malheur**, unfortunately
malheureusement, unfortunately
manger, to eat
manquer, to lack, to miss
manteau, m., coat
marchand, m., shopkeeper, dealer
marcher, to walk, to work, to function
mardi, Tuesday
mars, March
Martinique, f., Martinique
masculin, m.; **masculine.**, f., masculine
matière, f., subject, matter
matin, m., morning
mauvais, m., **mauvaise**, f., bad
médecin, m., doctor in midicine
médicament, m., medicine
meilleur, m.; **meilleure**, f., better

- **le meilleur**, the best
melon, m., melon
même, same, even, very
- **le même que**, the same as
ménage, m., cleaning, married couple
mener, to lead
mental, m.; **mentale**, f., mental
mentalement, mentally
menu, m., menu
merci, thank you
mercredi, Wednesday
mère, f., mother
méridional, m.; **méridionale**, f., Southerner
merveille, f., wonder
merveilleux, m.; **merveilleuse**, f., marvellous
métro, m., subway
mets, m., dish
mettre, to put
- **mettre en pratique**, to apply
- **mettre en cause**, to implicate
- **combien de temps mettez-vous?** how long does it take you?
- **se mettre à**, to start
Mexique, m., Mexico
midi, m., noon
Midi, m., the South
mieux, better
mille, one thousand
millier, m., one thousand
minuit, midnight
minute, f., minute
moderne, m.-f., modern
modeste, humble, modest
moi, I, me
moins, less
mois, m., month
moment, m., moment
mon, m.; **ma**, f.; **mes**, pl., my
monde, m., world
- **beaucoup de monde**, a big crowd

monsieur, m. s.; **messieurs**, m. pl., Mr., gentleman, sir
montre, f., watch
mot, m., word
mouillé, m.; **mouillée**, f., wet
mur, m., wall
mûr, m.; **mûre**, f., ripe

N

naître, to be born
- **être né**, to be born
nager, to swim
narine, f., nostril
nationalité, f., nationality
ne...pas, not
négatif, m., **négative**, f., negative
neige, f., snow
nerveux, m., **nerveuse**, f., nervous
nettoyer, to clean
neuf, nine
neuvième, ninth
noir, m.; **noire**, f., black
nom, m., name
nombre, m., number
nommer, to name, to call by name
non, no
note, f., note, grade
notre, s.; **nos**, pl., our
nourriture, f., food
nous, we, us
nouveau, m., **nouvelle**, f., new
- **de nouveau**, again
nouvelles, f. pl., news
novembre, November
nuit, f., night
numéro, m., number

O

objet, m., thing, object

obtenir, to get
occasion, f., opportunity, bargain
octobre, October
occuper, to occupy, to fill
odeur, f., smell
oeuf, m., egg
oiseau, m., bird
ombre, f., shade
oncle, m., uncle
onze, eleven
oral, m.; **orale**, f., oral
orange, f., orange
ordinal, s.; **ordinaux**, pl., ordinal
ordinairement, normally, usually
ordre, m., order
origine, f., origin
 - **pays d'origine**, mother country
ou, or
où, where
oui, yes
ourvrir, to open

P

page, f., page
pain, m., bread
paire, f., pair
papa, m., daddy
papier, m., paper
paquet, m., package
par, by, through
paraître, to appear, to seem
paragraphe, m., paragraph
parapluie, m., umbrella
parc, m., park
parce que, because
pardessus, m., overcoat
pareil, m., **pareille**, f., similar
parents, m. pl., parents, relatives
paresseux, m.; **paresseuse**, f., lazy
parfois, sometimes

parfum, m., perfume, scent
parler, to speak
parmi, among
part, f., part, share
 - **prendre part**, to participate
 - **d'autre part**, on the other hand
 - **nulle part**, nowhere
participer, to take part, to participate
particulièrement, particularly, especially
partie, f., part, game, party
partir, to go away, to leave, to depart, to set off, to start
partout, everywhere
passager, m., passenger
passer, to spend, to pass
 - **se passer**, to happen, to occur
pauvre, poor
payer, to pay
pays, m., country
pendant, during, while
perdre, to loose
 - **se perdre**, to get lost
père, m., father
personne, f., person
perte, f., loss, ruin, destruction
petit, small, little
pharmacie, f., pharmacy
pharmacien, m., pharmacist
phrase, f., sentence
pièce, f., room
pied, m., foot
 - **à pied**, walking, on foot
place, f., place, seat
plage, f., beach
plaire, to please
 - **s'il vous plait**, please
pleuvoir, to rain
plier, to fold
pluie, f., rain
pluriel, plural
plus, more, plus

- **de plus**, moreover
- **en plus de**, in addition to
- **de plus en plus**, more and more

plusieurs, several
poche, f., pocket
poire, f., pear
poirier, m., pear tree
poisson, m., fish
pomme, f., apple
pommier, m., apple tree
porte, f., door
porte-monnaie, m., purse
porter, to carry, to bear, to wear
- **bien se porter**, to be in good health

portion, f., share
portugais, m., Portuguese language
Portugal, m., Portugal
poser, to put down, to ask
possible, possible
potion, f., cough medicine
poulet, m., chicken
pour, for
pourquoi, why
pousser, to grow, to push
pouvoir, to be able to, to be allowed to
précédent, anterior, preceding
précis, precise
- **il est sept heures précises**, it is exactly seven o'clock

préféré, f., prefered, favorite
préférer, to prefer
prendre, to take
- **prendre part**, to participate

préposition, f., preposition
près, near, close
présent, present
présentement, now
presque, nearly, almost
prier, to beg, to pray
principal, main, principal
printemps, m., Spring
prix, m., price
problème, m., problem, difficulty, trouble
prochain, m.; **prochaine**, f., next
produire, to produce
- **se produire**, to happen, to occur

professeur, m., teacher, professor
progrès, m., progress, improvement
promenade, f., walk, drive, outing
pronom, m., pronoun
prononcer, to pronounce
- **prononcé**, pronounced

propre, clean
pupitre, m., school desk

Q

qualité, f., quality
quand, when
quarante, forty
quart, m., quarter
- **il est une heure moins le quart**, it is a quarter to one

quatorze, fourteen
quatre, four
quatre-vingts, eighty
quatrième, fourth
que, that, whom, which, as, than
quel, f., **quelle**, which, what
quelque chose, something
quelquefois, sometimes
quelques, some
qu'est-ce que? what
question, f., question
- **il est question de**, it is about

queue, f., line, tail
- **faire la queue**, to line up

qui, who, which
quinze, fifteen
quitter, to leave, to quit
quoi, what, which

- **il n'y a pas de quoi**, you are welcome, don't mention it
quotidien, m.; **quotidienne**, f., daily

R

raconter, to tell, to relate
radio, f., radio
rafraîchissement, m., refreshment
raison, f., reason
rang, m., rank, row
rapide, quick, fast
rapidement, quickly, rapidly
(se) raser, to shave
recevoir, to receive
- **reçu**, received
réclame, f., advertisement
rédiger, to draft, to write
reflexion, f., reflection, thought, reflexion
regarder, to look
région, f., region
règle, f., ruler, rule
régner, to reign, to govern
reine, f., queen
relater, to relate, to state
remercier, to thank
rencontrer, to meet
rendre, to give back
- **(se) rendre**, to betake oneself to a place
renseignement, m., information
repas, m., meal
répéter, to repeat
répondre, to answer, to reply
réponse, f., answer, reply
réputation, f., reputation, fame
résoudre, to solve
respectif, m.; **respective**, f., respective
respirer, to breathe

(se) ressembler, to look alike, to resemble
restaurant, m., restaurant
rester, to stay, to remain
retard, m., delay
- **en retard**, late
réunion, f., meeting
revenir, to come back
révision, f., revision
revoir, to see again
- **au revoir**, good-bye
revue, f., magazine
rhume, m., cold
- **rhume de cerveau**, cold in the head
rideau, m., curtain, drape
rien, nothing
robe, f., dress
rouge, red
rue, f., street

S

saisir, to seize
saison, f., season
sale, f., sale, dirty
salle, f., room
- **salle de classe**, class room
- **salle à manger**, dining room
salon, m., sitting room
saluer, to greet, to bow
samedi, Saturday
sandwich, m., sandwich
sans, without
santé, f., health
satisfait, satisfied
sauvage, untamed, wild
savoir, to know
sec, m.; **sèche**, dry
seconde, f., second
seize, sixteen
seizième, sixteenth

semaine, f., week
sembler, to seem, to look
sentir, to smell, to feel
- **se sentir**, to feel
sept, seven
septembre, September
septième, seventh
serveuse, f., waitress
servir, to serve
- **se servir**, to use
- **à quoi sert-il?** what is it used for?
seul, alone, only
seulement, only
si, so, if, yes
siècle, m., century
signer, to sign
six, six
sixième, sixth
soeur, f., sister
soif, f., thirst
soigneusement, carefully
soin, m., care
soir, m., evening
soixante, sixty
soixante-dix, seventy
soleil, m., sun
sombre, dark
son, m.; **sa**, f.; **ses**, pl., his, her
soulager, to relieve
sorte, f., kind, sort
sortir, to go out
sou, m., penny
soulier, m., shoe
soupe, f., soup
sous, under
souvent, often
spécial, special
stylo, m., fountain pen
substantif, m., substantive
sucré, sweet
suite, f., continuation
- **tout de suite**, at once
suivant, following
suivre, to follow
sujet, m., subject
- **au sujet de**, about
sur, on, about
surprendre, to surprise
surpris, surprised

T

table, f., table
tableau, m., blackboard, picture, painting
tâcher, to try, to attempt
tante, aunt
tard, late
tarder, to be late
téléphoner, to telephone
- **donner un coup de téléphone**, to give a telephone call
température, f., temperature
temps, m., time, weather
- **de temps en temps**, now and then, from time to time
tenir, to hold, to occupy, to take space
tennis, m., tennis
terminer, to finish, to end
tête, f., head
- **mal de tête**, headache
thé, m., tea
timbre, m., stamp
tomate, f., tomato
tôt, early
toujours, always
tour, m., turn, tour, trick
tour, f., tower
tourner, to turn
tout, s.; **tous**, pl., all
tous les, m.; **toutes les**, f., every each
toux, f., cough

traduire, to translate
traiter, to treat
 - **traiter de**, to deal with
trajet, m., journey, ride
tramway, m., cable car
treize, thirteen
trente, thirty
très, very
triste, sad
trois, three
troisième, third
trouver, to find
 - **se trouver**, to be, to feel, to turn out
un, a, one
 - **l'un...l'autre**, one... the other
 - **les uns...les autres**, some... the others
usage, use
 - **en usage**, in use

V

vacances, f., pl., vacation, holiday
vache, f., cow
valoir, to be worth, to cost
vanité, f., vanity
vaniteux, m.; **vaniteuse**, f., conceited
vendre, to sell
vendredi, Friday
venir, to come
 - **venir de**, to come from, to have just
verbe, m., verb

vérité, f., truth
vert, green
vêtement, clothing
vide, empty
vie, f., life
vieux, m.; **vieille**, f., old
village, m., village
ville, f., town, city
vingt, twenty
vignt-et-unième, twenty first
vingtième, twentieth
visage, m., face
vite, quickly, rapidly
vitre, f., window pane
vitrine, f., shop window
vivre, to live
vécu, lived
voici, here is, here are
voir, to see
voiture, f., car, automobile
voix, f., voice
 - **à voix basse**, in a low voice
 - **à voix haute**, aloud
vos, your
vouloir, to want
vous, you
voyage, m., voyage, trip
voyager, to travel, to be transported
vrai, m.; **vraie**, f., true

Y

y, there, to him, to her

WARNER MEMORIAL LIBRARY
EASTERN COLLEGE
ST. DAVIDS, PA. 19087